神社手帖

TAC出版

はじめに

　神社に参拝してみたい、と思っている人が多くなっています。しかし、今の私たちは、かつてのような神社に関わる習慣や知識を必ずしも持ち合わせていません。そういうみなさんに神社の基本的な知識とともに、神社にまつわるさまざまな楽しみを伝えられればと思って、『神社手帖』を作ってみました。この手帖を持って、日本全国の神社に出かけてください。きっと何かしら生きていくための手がかりが得られるはずです。

　手帖には全国各地の神社の基本的な情報が盛り込んであります。それらを手引きに、まずは参拝をしましょう。手水(ちょうず)を使いましょう。参道では正中(せいちゅう)(中央)を避け、神様に心を馳せながら本殿へと近づいていきます。賽銭を供え、鈴を鳴らし、二拝二拍手一拝で参拝をします。きちんとお参りすることで心持ちが清らかになっていくことでしょう。

　さて、参拝が終わったら、手帖を開いて、参拝したときの風景や心から湧き出てくる想いを書き記してみてはいかがでしょうか。そして、旅の思い出や神様に立てた誓いを振り返るなどすれば、神社を存分に楽しむことができます。神社はどれひとつとして同じものはありません。それぞれの神社には特有のお札やお守りがあります。社殿や境内もユニークです。お宮と深く関わる食べ物もたくさんあります。おみやげ屋さんや、もう少し足を延ばして周囲の神社やお寺、あるいは名所を巡るのも楽しみのひとつです。

　あちこちの神社を参拝していると、この国と風土の中に生まれた自分の立ち位置がわかるように思います。私たちがどこから来てどこへ向かうのか、なぜ私はここにいるのか、理屈ではなく体感できるように思います。
　神社での感じ方、楽しみ方はさまざまです。『神社手帖』をきっかけにして、自分なりの楽しみ方を探してみてください。

國學院大學神道文化学部 教授
石井 研士

CONTENTS

神社手帖の手引き‥4

伊勢神宮‥8	岩木山神社‥96	霧島神宮‥124
出雲大社‥14	黄金山神社‥97	波上宮‥125
出羽三山神社‥20	二荒山神社‥98	北海道神宮‥126
熊野三山‥26	氷川神社‥99	駒形神社‥126
賀茂別雷神社・	秩父神社‥100	太平山三吉神社‥126
賀茂御祖神社‥32	三峯神社‥101	志波彦神社・鹽竈神社‥127
伏見稲荷大社‥38	安房神社‥102	伊佐須美神社‥127
明治神宮‥44	香取神宮‥103	筑波山神社‥127
鶴岡八幡宮‥48	神田神社‥104	彌彦神社‥128
諏訪大社‥52	寒川神社‥105	射水神社‥128
富士山本宮浅間大社‥56	箱根神社‥106	氣多大社‥128
熱田神宮‥60	戸隠神社‥107	氣比神宮‥129
嚴島神社‥64	飛驒一宮水無神社‥108	椿大神社‥129
金刀比羅宮‥68	三嶋大社‥109	多賀大社‥129
宗像大社‥72	小國神社‥110	石清水八幡宮‥130
鹿島神宮‥76	猿田彦神社‥111	北野天満宮‥130
日光東照宮‥78	日吉大社‥112	大神神社‥130
八坂神社‥80	平安神宮‥113	橿原神宮‥131
春日大社‥82	貴船神社‥114	吉備津彦神社‥131
大阪天満宮‥84	今宮戎神社‥115	大神山神社‥131
住吉大社‥86	伊弉諾神宮‥116	生田神社‥132
宇佐神宮‥88	吉備津神社‥117	西宮神社‥132
	美保神社‥118	赤間神宮‥132
	松陰神社‥119	大山祇神社‥133
	香椎宮‥120	海神社‥133
	太宰府天満宮‥121	鵜戸神宮‥133
	阿蘇神社‥122	
	高千穂神社‥123	

神社グルメ17選‥90	戦国武将・明治維新ゆかりの神社‥156
お参りの作法‥134	男性が行ってみたくなる神社‥160
神社の基礎知識‥136	独特なお祭りが有名な神社‥162
年中行事・通過儀礼で	干支ゆかりの主な神社リスト‥164
よく知られている神社‥142	花咲き乱れる全国おすすめ神社‥166
金運・商売運でよく知られている神社	全国お祭りカレンダー‥168
‥144	ダイアリー‥174
学業・知恵でよく知られている神社‥146	神社マップ‥214
水でよく知られている神社‥148	主な御祭神‥222
縁結びでよく知られている神社‥150	mini御朱印ノート‥225

神社手帖の手引き

本当の自分を知るために

　夏の暑い盛りに神社の境内に入ると、ひんやり感じることがあるでしょう。また、騒音からも遠ざかり、「ほっとする」のではないでしょうか。

　こう感じるのは現代に生きる私たちだけではないはずです。これまで何千年にわたって、神社は特別な場所として意識されてきました。有限な自分を超えた、悠久の時と巡り合うことで、私たちは本当の自分に出会えるのではないでしょうか。

　そんな気持ちを『神社手帖』に書きとめて、自分と向き合うきっかけとしていただければ幸いです。

人生を輝かせるために

　浄・明・正・直とは、神道において日常生活におけるあるべき心の持ち方を表現したものです。「じょうみょうせいちょく」と読んで、「きよく、あかるく、ただしく、なおく」生きていくことが理想だと説きます。

　浄・明・正・直は、神職の階位でもあり、漢字と音から十分に意味は伝わると思いますがいかがでしょうか。

　このことを理解し、『神社手帖』とともに毎日を過ごしていくことが自分自身を清らかにし、輝かしい未来に向かっていくきっかけになるはずです。

**世界で一つだけの手帖を楽しむ、おすすめの使い方をご案内。
『神社手帖』を持って、日本全国の神社に出かけてください。**

神様と繋がるきっかけとして

　神社を外から眺めてみれば、神社が外界とは異なった聖なる場であることは容易に理解できます。鳥居と玉垣によって区切られ、あるいは鬱蒼とした杜が騒がしい俗世間を拒んでいるようにも見えます。玉砂利を踏みしめながら本殿へ向かう自分は、いつもの自分とはちょっと違うと思いませんか。

　神社に参拝することで、いっとき日常生活のわずらわしさを離れ、聖なる空間に身を置き、悠久の時を感得しながら、ちっぽけな自分の遥か彼方にある森厳な何ものかと繋がることで、私たちは本当の自分を取り戻すことができるのではないでしょうか。

日々を彩る道しるべに

　この手帖はただ見るだけのガイドブックではありません。みなさんが自分自身で創り上げていくものです。

　神社を巡る旅のガイドとして、参拝して感じた想いやこれからの予定を書きとめる手帖として、ご活用いただけます。巻末の御朱印ノートに御朱印をいただくのも楽しいことです。自分だけの計画を立て、参拝を重ねていくこともおすすめです。参拝に行くと、自分のルーツを確認できるとともに、自分が向かうべき道を示してくれることもあるでしょう。人生という長い旅を彩りのあるものにするため、是非この手帖を役立てていただければ幸いです。

あなたの神社ライフを豊かにする 7つの工夫

自分自身でカスタマイズできる！
あたらしい神社ガイドと手帖がまとまりました。

1 今、行っておきたい神社ガイド

神社を巡る旅の経験がある方々や神社に興味のある方々から聞き取りを実施し、選んだ全79の神社の見どころを徹底紹介。神社の歴史、アクセス情報や御祭神などの基本情報&おすすめの見どころを収録。さらに、次の工夫もされています。

ご参拝キーワード	神社参拝に役立つ情報を掲載。
周辺の観光スポット	寺社や観光地など神社近辺の見どころをあわせて掲載。短時間で多くの場所を訪問できる工夫で旅も数倍楽しくなるはずです。
神社周辺地図	旅を計画したり、現地で使える周辺地図付。

2 参拝時に立ち寄りたい神社グルメ案内

厳粛な気持ちでご参拝したあとに頂きたい、全国から厳選した神社グルメを徹底紹介。食べ歩きの旅の道しるべにしてください。

3 神社巡りが楽しくなる基礎知識

お参りの作法や神社用語など、参拝の際、役立つ事柄をまとめています。

4 テーマで巡る神社案内

ご利益など、特徴のあるテーマごとに神社を紹介。神社を巡る旅をより華やかなものにしてくれるはずです。

5 全国お祭りカレンダー

全国各地で執り行なわれるお祭りを厳選。お祭り巡りの旅にご活用ください。

6 自分で作る! オリジナルダイアリー

曜日書き込み式のダイアリーページです。神社参拝の予定や神様とのご縁をいただいた日などを書きつけてください。

7 mini御朱印ノート

御朱印帳にも、ノートにも使えます。自分の心の動きや旅の思い出を書きとめられるようになっています。御朱印を直接頂くのもよいですし、半紙に頂いた御朱印を貼りつけておくのもよいでしょう。

※御朱印：参拝を記念していただく神社の押印。

伊勢神宮

いせじんぐう【三重県伊勢市】

主な ご利益　国家安寧　人生発展

日本で唯一「神宮」と称される社

❶ 神杉が立ち並ぶ参道を歩くこと約20分で内宮の正宮へ到着する。三波石の石段を上り参拝する　❷ 外宮参道第二鳥居のあたり。光が満ちて神聖な雰囲気　❸ 内宮の宇治橋からは五十鈴川源流の島路山・神路山が望める　❹ 外宮の多賀宮に続く石段。手つかずの自然が美しい

御祭神

天照坐皇大御神（天照大御神） あまてらすすめおおみかみ（あまてらすおおみかみ）
皇室の祖先神。太陽にも譬えられる万物を生み出す力を持った神。（内宮）

豊受大御神 とようけのおおみかみ（外宮）
天照大御神の食事を司る神。五穀豊穣、産業守護の神として崇敬を集める。

自然の恵みに感謝し、明日への活力を得る日本最大級の聖地

「お伊勢さん」と親しまれている伊勢神宮は正式には「神宮」という。神宮とは、内宮、外宮を中心に、別宮、摂社、末社、所管社をあわせた125社の総称だ。その中心は2つの正宮で、五十鈴川の畔に鎮座する天照大御神を祀る皇大神宮(こうたいじんぐう)と、伊勢市駅近くの高倉山麓に鎮まる豊受大御神を祀る豊受大神宮だ。皇大神宮は一般的に内宮、豊受大神宮は外宮と呼ばれ、両宮は約6km離れたところに位置する。外宮から内宮へ参るのが昔からの習わしとなっている。

伊勢神宮の歴史は古く、内宮は約2000年前の垂仁(すいにん)天皇の時代、そして外宮鎮座はその500年のちと『日本書紀』は伝える。全国にお伊勢参りブームが起きたのは江戸時代のこと。天武・持統天皇の時代に始まった式年遷宮は、20年に一度社殿が新しくなる伊勢神宮最大の祭りだが、その御神徳を授かろうとする「おかげ参り」が盛んになったのだ。戦乱で断絶したときもあったが、式年遷宮は粛々と続けられ、平成25(2013)年秋には第62回式年遷宮が行なわれた。

新しい社殿は清らかで美しく、玉砂利が敷かれた長い参道を歩いて行くとすがすがしい気持ちになる。春夏秋冬、伊勢の美しい自然のなかで参拝すると、まさに、この地が日本人の心のふるさとというのが実感できるだろう。

内宮　MAP P.12
所 伊勢市宇治館町1　交 JR/近鉄・伊勢市駅から三重交通バス・内宮前行きに乗り20分、終点下車すぐ
☎0596-24-1111(神宮司庁)　開 5:00～18:00(5～8月は～19:00、10～12月は～17:00)　料 無料
URL www.isejingu.or.jp

外宮　MAP P.12
所 伊勢市豊川町　交 JR/近鉄・伊勢市駅から徒歩5分
☎0596-24-1111(神宮司庁)　開 5:00～18:00(5～8月は～19:00、10～12月は～17:00)　料 無料
URL www.isejingu.or.jp

 ## Words

内宮の始まり
約2000年前の崇神(すじん)天皇の御代、天照大御神が新たな鎮座を求めて皇居を出られ、垂仁天皇の皇女倭姫命(やまとひめのみこと)が大御神の御杖代として諸国を巡行。最終的にこの地に神殿を造営。

外宮の始まり
内宮鎮座の500年後、天照大御神の食事を司る神として丹波国から迎えられ、朝夕の2回「日別朝夕大御饌祭(ひごとあさゆうおおみけさい)」が連綿と奉られている。

式年遷宮
天武・持統天皇の時代から始まった祭りで、20年に一度、お社や御装束、神宝をすべて新調し、新しい社殿に御神体を遷す。準備に8年を費やす神宮最大の祭り。

おかげ参り
江戸時代に起こった一大お伊勢参りブーム。およそ60年周期で起こり、半年で450万人が参拝したという記録も残る。

伊勢神宮の見どころ
20年に一度の「式年遷宮」を経て、真新しい社殿が並ぶ

日常の世界と神聖な地を繋ぐ
宇治橋
うじばし

内宮の参拝口、五十鈴川に架かる木造の反り橋(全長101.8m、幅8.421m)。たもとに立つ大鳥居の向こうに橋が延びる姿は、まさに内宮を象徴する風景で、橋の上から仰ぎ見る神路山も美しい。

澄んだ流れに心が洗われる
御手洗場
みたらし

内宮の参道をしばらく歩くと、五十鈴川べりに石畳が広がる御手洗場に出る。かつての禊の場で、ここで手水を行なうのが正式。石畳は徳川5代将軍綱吉の母、桂昌院が寄進したもの。

天照大御神を祀る伊勢神宮の中心
内宮 正宮
ないくう しょうぐう

内宮域内の最奥に位置する。板垣、外玉垣、内玉垣、蕃垣、瑞垣の五重の垣に囲まれた中に、天照大御神を祀る唯一神明造の正殿が建つ。平成25(2013)年秋に、東の殿地から現在の西の殿地に遷った。

特別に格式の高い別宮
荒祭宮
あらまつりのみや

内宮の第一別宮で、お祭りも正宮に続いて行なわれ、奉幣の儀には正宮同様に勅使が参向する。祭神は天照大御神の荒御魂。積極的、活動的な荒御魂に、個人的なお願いをする人が後を絶たない。

2つの川が交わるパワースポット
風日祈宮橋
かざひのみのみやはし

内宮の神楽殿向かいの風日祈宮への参道を進むと、島路川に架かる木造の反り橋がある。春の新緑や秋の紅葉が美しい場所で、表参道から離れ、森の中にいるかのような静けさが感じられる。

衣食住を守る豊受大御神を祀る
外宮 正宮
げくう しょうぐう

内宮に比べると外宮は参道が短く、第一鳥居、第二鳥居をくぐると、ほどなく正宮に着く。御祭神の豊受大御神は四重の垣根の奥の正殿に鎮座する。毎日の恵みに感謝して参拝しよう。

外宮の第一別宮
多賀宮
たかのみや

豊受大御神の荒御魂を祀り、新たなことを始めるときなどにお参りする人が多い。お宮は98段の石段を上る檜尾山にあり、高いところにあることから昔は「高宮」とも呼ばれていた。

式年遷宮をテーマにした資料館
せんぐう館
せんぐうかん

まがたま池のほとりに建ち、模型や映像などを使い、式年遷宮を詳しく紹介する。

MAP P.12 所伊勢市二見町江575 ☎0596-22-6263 開9:00〜16:00 休第4火曜（祝日の場合は翌日休) 料300円 URL www.sengukan.jp

ご参拝キーワード

唯一神明造をはじめ、神宮でしか見ることができない見どころが多数

1 唯一神明造
ゆいいつしんめいづくり

日本最古の建築様式のひとつといわれる神殿。檜の素木で造られ、屋根は萱葺きで10本(外宮は9本)の鰹木が乗せられ、先端が水平(外宮は垂直)に切られた千木が特徴。(P.141)

2 鳥居から昇る神聖な朝日

冬至のころ、宇治橋の鳥居の間から朝日が昇る。朝の7時半くらいだがキリリとした寒さのなかで訪れる神聖な瞬間は必見だ。

3 三節祭
さんせつさい

装束・祭器具を一新、神宮の正月ともいわれる神嘗祭と6月と12月の月次祭は三節祭とも呼ばれる重要な祭り。神職や伊勢の神領民は神嘗祭までは新穀を口にしないという。

4 125社巡り
ひゃくにじゅうごしゃめぐり

伊勢神宮は内宮、外宮の両宮、14の別宮、43の摂社、24の末社、42の所管社の125社で構成。これらの神社は伊勢志摩エリアに点在している。

5 グルメの宝庫

伊勢エビ、アワビなどの海の幸や伊勢うどん、てこね寿司の郷土料理がおいしい。赤福や神都麦酒などの定番みやげも見逃せない。

• 周辺の観光スポット •

心静かにお伊勢参りを済ませたら、気分も新たに伊勢の定番スポットへ

伊勢独特の建築様式は必見
おはらい町 おかげ横丁
おはらいまち おかげよこちょう

内宮の参宮街道沿いに広がる「おはらい町」と、その中ほどにある「おかげ横丁」には、伊勢みやげやグルメが揃う。
MAP P.12　伊勢市宇治中之切町ほか
0596-28-3705(伊勢市観光協会)

パワースポットとして注目される
夫婦岩・二見興玉神社
めおといわ・ふたみおきたまじんじゃ

御祭神は道開きの神、猿田彦大神。夫婦岩は海中に鎮まる興玉神石と、日の大神(太陽)の鳥居の役目をしている。
MAP P.12　伊勢市二見町江575
0596-43-2020(二見興玉神社)　境内自由
URL www.amigo2.ne.jp/~oki-tama

現代日本美術の傑作が並ぶ
神宮美術館
じんぐうびじゅつかん

伊勢神宮の式年遷宮を奉賛して、国内の著名な美術・工芸家から奉納された作品を収蔵、展示している。
MAP P.12　伊勢市神田久志本町1754-1
0596-22-5533　9:00～16:00　月曜
(祝日の場合は翌日休、臨時休館日あり)　500円

かつての伊勢の台所
河崎の町並み
かわさきのまちなみ

江戸時代に水運を利用して物資を運ぶ問屋街として発展。今も勢田川沿いに切妻・妻入りの町家や蔵が残る。
MAP P.12　伊勢市河崎
0596-22-4810(伊勢河崎商人館)
URL www.e-net.or.jp/user/machisyu

出雲大社

いずもおおやしろ 【島根県出雲市】

主な
ご利益 　縁結び
　　　　子授け

「平成の大遷宮」で蘇った御本殿にご縁参り

❶ 御修造を終えた高さ24mの御本殿。平安時代には高さ48m、古代は96mの空中神殿であったとされる　❷ 一般参拝者は正月の数日しか入れない、八足門につながる端垣と御守所　❸ 第三の鳥居「鉄鳥居」から「銅鳥居」までの下り参道は樹齢数百年の松並木が続く。参道中央は皇族や勅使の通る道だったとか　❹ 因幡の白兎をモチーフにした「御慈愛の御神像」

御祭神　**大国主大神** おおくにぬしのおおかみ
国土を開拓し、農耕・漁業・医療などの生活の基礎を築いた国造りの神。

悠久の時を超え、見えざる御神威が織りなす縁結びパワー

　平成25(2013)年、約60年ぶりの「平成の大遷宮」で5年にわたる御本殿修造が終わり、「本殿遷座祭」が執り行なわれた翌年には、高円宮典子女王と千家国麿宮司のご結婚で、出雲大社は「縁結びの地」として華やいだ雰囲気に包まれている。

　出雲大社のシンボルでもある大注連縄のもと、参拝者が引きも切らない神域は約13万㎡。新しく葺き替えられた御本殿の檜皮葺きの大屋根が優美な曲線を描き、長さ7.9mの二組の千木が天に向かって交差する。その御本殿に鎮座する主祭神が、神話「因幡の白兎」で知られる大国主大神だ。恋や結婚にまつわる神話が多いため縁結びの神として有名だが、本来は「天の下造らしし大神」と称される国造りの神である。『日本書紀』の国譲り神話では、大国主大神が天照大御神に国譲りを迫られ、「千木が高天原まで届くような高い神殿を造営するならば、自分は幽れたる神事を治めよう」と述べ、造営した天日隅宮が出雲大社の起源と伝えられている。「幽れたる神事」とは、目には見えないご縁を結ぶこと。出雲地方だけ神在(有)月と呼ぶ旧暦10月、全国の八百万の神が男女の縁結びも含めたすべての縁を結ぶ会議を行なうため出雲に集まるとされ、神々をお迎えする神事が行なわれる。

　摂社・末社も平成28(2016)年にはご修造が終わる。新しい命が吹き込まれて御祭神の御神威が高まっている今、美しく蘇った御社殿にお参りすることは、「新しいご縁」を授かる稀有な体験だ。

MAP P.18
所 出雲市大社町杵築東195　☎ 0853-53-3100
時 6:30〜20:00　料 無料(宝物殿300円)
交 一畑電車・出雲大社前駅から徒歩10分
URL www.izumooyashiro.or.jp

 Words

遷宮
神殿を新しくし、神様をお遷しすることで御神力の蘇りをはかる祭事。出雲大社は建て替えではなく、老朽化した部分の修造補強により造営時の様式と「技」を後世に継承する。

国譲り神話
大国主大神が豊葦原瑞穂国を天照大御神に譲る次第を語る神話。天照大御神の長男・天之忍穂耳命の子孫とされるのが皇室で、国譲りのあと、天照大御神が大国主大神に司祭社として遣わした次男の天穂日命の子孫とされるのが、出雲国造家・千家と北島家である。

神在月の神事
出雲地方では旧暦の10月を神在月と呼ぶ。10月10日から神迎神事が始まり、神様を歓迎する「神在祭」、無事の旅立ちを願う「神等去出祭」までの神事が7日間行なわれる。

出雲大社の**見どころ**
創建時から昭和、平成の建築様式を同時に見られる御社殿群

お清めしてから本殿参拝へ
祓社
はらいのやしろ

二の鳥居をくぐった参道の途中右側にある。四柱の祓井神(はらえどのかみ)が祀られていて、参拝者の穢れを祓い清める。本殿に進む前に、まずはこちらで大社の作法である二拝四拍手一拝してお参りしたい。

圧倒的な存在感の巨大な注連縄
神楽殿
かぐらでん

長さ13.5m、太さ8m、重さ4.4tの日本一の大きさを誇る大注連縄は圧巻。正面破風(はふ)の装飾にステンドグラスが使われ、270畳敷きの大広間では祭典・祈願・結婚式が行なわれる。

二拝四拍手一拝で神様にご挨拶
拝殿
はいでん

ご祈祷が行なわれる社殿。大社造と切妻造の折衷様式で、長さ8m、太さ4m、重さ1.5tと神楽殿の大注連縄に次ぐ注連縄がかかる。お賽銭は注連縄に投げないのが作法。

全国八百万神の宿泊所
十九社
じゅうくしゃ

出雲で呼ぶ神在月(旧暦10月)、全国から集まる八百万の神々の宿舎。瑞垣の外、東西に1社ずつあり、神在祭の期間のみこの社のすべての扉が開かれる。

神々と人との懸け橋となる祖神
氏社
うじのやしろ

御本殿の西側に南北に並ぶ社。北側は今に続く宮司・出雲国造家の祖神である天穂日命を、南側は17代の祖で出雲氏初代の宮向宿祢を祀る。

御本殿へは2度参拝
御神座正面参拝所
ごしんざしょうめんさんぱいじょ

南向きに鎮まる御本殿内の御神座だけ西向きに鎮座するため、御本殿で参拝すると参拝者は横向きの大国主大神を拝することになる。御神体の正面にあたるこの拝所で再度参拝を。

多彩な大黒様が並ぶ宝物館
彰古館
しょうこかん

主祭神の大国主大神にちなんだ大小の大黒様、恵比寿様の像がずらりと並ぶ。神楽用の笙やひちりきなどの楽器類、出雲大社に伝わる古文書類も展示されている。有料。

馬は子宝、牛は学業成就
神馬・神牛
しんめ・しんぎゅう

拝殿前の銅鳥居を入った左手に祀られている。馬は子宝に、牛は学業に良いといわれ、とくに神馬は「かねおまさん」と呼ばれ、鼻の部分を触ると子宝を授かるといわれている。

ご参拝キーワード

**壮大なスケールの大社にパワーを
もらえば直会もまた楽しい**

1 医学の神様

大国主大神は「因幡の白兎」に治療法を教えた古代医学の元祖。本殿右横の天前社は大やけどを負った大国主大神を治療看護をした蚶貝比売命と蛤貝比売命の2柱の看護の神様を祀る。

2 神在月
かみありづき

日本中の神様が出雲に集まる神無月（10月）、出雲だけは「神在月」と呼ぶ。十と月の文字を組み合わせた「神有月」とも表す。

3 素鵞社
そがのやしろ

八岐大蛇退治で有名な大国主大神の親神・素戔嗚尊を祀る。床下の霊砂を持ち帰り、家のお清めや災難除けのお守りにする信仰がある。（修造中のため平成27(2015)年7月完成予定）

4 ぜんざい

神在月に出雲に迎えた神々に振る舞う神在餅のじんざいがなまって「ぜんざい」になったという。大粒の小豆で"縁結び"をイメージした紅白のお餅が入る。

5 出雲そば

そばの実を殻ごと挽くため、色や香りが濃く、コシが強い。割子・釜揚げなどがあり、神在祭にはそばの屋台が立ち並ぶ。

- 周辺の観光スポット -

海に山にそして町に、今も息づく出雲神話の世界を訪ねて

ロマンあふれる出雲の謎を探る
島根県立古代出雲歴史博物館
しまねけんりつこだいいずもれきしはくぶつかん

国宝の青銅器群を中心に出雲の歴史・文化を紹介。高さ48mあったとされる古代出雲大社本殿の復元模型は必見。
MAP P.18　所出雲市大社町杵築東99-4　☎0853-53-8600　開9:00～18:00(11～2月は～17:00)　休第3火曜（祝日の場合は翌日休）　料610円　URL www.izm.ed.jp

町歩きが楽しい石畳の参詣道
神門通り
しんもんどおり

一の鳥居から出雲大社へと続く参道。出雲そばやぜんざいなどご当地グルメにご縁グッズショップが軒を連ねる。
MAP P.18　所出雲市大社町杵築南1344
☎0853-53-2558（神門通りおもてなし協同組合）
開見学自由　URL www.izumo-enmusubi.org

国譲り、国引き神話の舞台
稲佐の浜
いなさのはま

国譲り、国引きの神話が伝わる海岸。旧暦10月10日の夜には全国からの神々を迎える神迎神事が行なわれる。
MAP P.18　所出雲市大社町杵築北2844-73
☎0853-53-2112（出雲観光協会）　開見学自由
URL www.izumo-kankou.gr.jp/213

須佐之男命が選んだ鎮魂の地
須佐神社
すさじんじゃ

須佐之男命の御魂を祀る。本殿裏手にある樹齢1300年余の大杉の御神木周辺がパワースポットとして有名。
MAP P.18
所出雲市佐田町須佐730　☎0853-84-0605
開8:30～16:00　料無料　URL www.susa-jinja.jp

出羽三山神社

でわさんざんじんじゃ【山形県鶴岡市】

主な ご利益 所願成就 開運招福

修験道の山として古くから信仰を集める

1 霊峰月山と高さ22.5mの羽黒山大鳥居 **2** 月山頂上と雲海の先に鳥海山を望む **3** 出羽三山の開祖、蜂子皇子御尊影と金剛童子(左)、除魔童子(右)

御祭神

伊氏波神 いではのかみ（出羽神社）
平安、鎌倉時代には、御祭神は羽黒彦命と玉依姫命とされていた。

稲倉魂命 うかのみたまのみこと（出羽神社）
須佐之男命と神大市比売命との間の御子として生まれた稲の神。

出羽三山のなかで一年中参拝できる全国的に珍しい三神合祭殿

　出羽三山である月山(1984m)の月山神社、羽黒山(414m)の出羽神社、湯殿山(1504m)の湯殿山神社の総称で、羽黒山の山頂に三神合祭殿が鎮座する。開山は1400年以上前、推古天皇元(593)年、崇峻天皇の皇子である蜂子皇子が三本足の霊鳥に導かれ、羽黒山に登り、難行苦行の末、羽黒の大神、出羽国の国魂、伊氏波神の御出現を拝し、山頂に出羽神社を建立したと伝えられる。次いで、月山、湯殿山を開き、両神を羽黒山に勧請して羽黒三所大権現とした。その後、加賀白山を開いた泰澄大師や修験道の祖といわれる役行者、真言宗の開祖空海、天台宗の開祖最澄なども来山し、古来より山岳修験の山として崇敬され、江戸時代には「東国三十三ヶ国総鎮守」として熊野三山、英彦山とともに「日本三大修験山」と称せられた。羽黒修験では、出羽三山での修行を輪廻転生の意味を持つ「三関三渡」と呼び、羽黒山は現世(観音菩薩)、月山は前世(阿弥陀如来)、湯殿山が来世(大日如来)という三世の浄土を表し、羽黒山から入り、月山で死とよみがえりの修行を行ない、湯殿山で再生するという巡礼が行なわれた。

　羽黒山麓には、平将門の創建と伝えられる国宝五重塔や国指定特別天然記念物の杉林、そして2446段の階段を上がると合祭殿が鎮座する山頂にたどり着く。月山と湯殿山は冬季の参拝や祭典が不可能なため、三山の年中恒例行事はすべてこの合祭殿で行なわれる。

出羽神社(三神合祭殿)　MAP P.24
所 鶴岡市羽黒町手向7　☎0235-62-2355
園 境内自由　交 JR鶴岡駅から庄内交通・羽黒山頂行きバスに乗り55分、終点下車、徒歩10分
URL www.dewasanzan.jp

 Words

月山神社
御祭神は月読命で、月山山頂の御室と呼ばれる石畳の中に鎮座する。水を司る農業神、航海漁撈の神として信仰を集めている。

湯殿山神社
月山の奥ノ院とされ、社殿を造らず、月山より流れ落ちる梵字川の滝を古来より御神体とし、大山祇命、大己貴命、少彦名命の3神を祀っている。

蜂子皇子
崇峻天皇の第三皇子。出羽の人々に五穀の種子を伝え、農耕を教えて産業を興し、治病の方法を教え、人々のあらゆる苦悩を取り除くなどの功徳を残したといわれている。

伊氏波神
延喜式の神名帳に「出羽国田川郡 伊氏波神社」とあり、御祭神を伊氏波神として、稲倉魂命とともに羽黒権現と称される。

出羽三山神社の見どころ
神々しい空気に満ちた広大な山内。歴史的建造物や自然美が魅力

三の坂にある縁結びの神様
埴山姫神社
はにやまひめじんじゃ

伊弉冉尊（いざなみのみこと）の糞から生まれた土の神、土壌の神、陶器の神、埴山姫命を祀る。三神合祭殿授与所で購入したお守りに同封された赤い紐を結んでお祈りすると縁結びのご利益があるとされる。

幾多の功徳を残した開祖を祀る
蜂子社
はちこしゃ

開祖、蜂子皇子を祀り、御尊像を安置しているが、一般には公開されていない。8月31日、蜂子社と本殿では、神社の前庭で大柴燈護摩が焚かれ、豊作と家内安全を祈願する八朔祭が行なわれる。

羽黒派古修験道独自の建築様式
三神合祭殿
さんじんごうさいでん

月山・羽黒山・湯殿山の3神が合祀され、合祭殿造とも称される独特の社殿で、1棟の内に拝殿と御本殿とが造られている。現在の社殿は文政元(1818)年の再建で、国指定の重要文化財。

祖霊を祀る祖霊供養の社殿
霊祭殿
れいさいでん

出羽三山は大昔より祖霊安鎮の山とされ、先祖の御霊を供養する風習が現在も盛んに行なわれている。天井に描かれた熊澤観明画伯染筆奉納の「霊祭殿大天井鎮魂絵」は見応え十分。

平将門の創建と伝わる優美な塔
五重塔(国宝)
ごじゅうのとう

杉林に囲まれた参道の途中に建つ。高さ約29m、三間五層柿葺き素木造の塔は東北最古といわれ、現在の塔は、文中元(1372)年、庄内領主で羽黒山別当だった武藤政氏により再建されたもの。

道中安全、足腰の健康を祈願
建角身神社
たけつぬみじんじゃ

神武天皇東征のとき、八咫烏となって天皇を先導した造化三神の一柱である神産巣日神の孫、建角身命を祀る。道中安全の守護神とされ、下駄や靴など履物を奉ずる習慣が残る。

口径1.68mで日本で3番目に大きい
建治の大鐘
けんじのたいしょう

蒙古襲来の際、羽黒の龍神に祈祷を捧げ、元軍を撃退できたとされ、鎌倉幕府より奉納されたという。建治元(1275)年に鋳造されたもので、東大寺、金剛峯寺に次いで、日本で3番目に大きい。

神橋から見事な景観が広がる
須賀の滝
すがのたき

随神門から継子坂を下りると、朱塗りの神橋に出る。ここから祓川をはさんで流れ落ちる滝は、江戸時代に月山より8kmの水路を引いて造ったもので、かつては不動の滝と呼ばれていた。

ご参拝キーワード

勇壮な火祭りや法螺貝の音色など霊山ならではの風物も魅力

1 松例祭
しょうれいさい

大晦日から元日にかけて行なわれる。松聖の2人の山伏が100日間参籠し、精進潔斎して、どちらが神意にかなったかを競い合う。巨大な大松明で新年の豊作・徐災招福を祈願する。

2 現世体験・死後体験

出羽三山のお参りには、羽黒山では今の世の幸せを祈り、月山では死後の世界を体感し、湯殿山では新しい命をいただくという信仰がある。

3 法螺貝の音
ほらがいのおと

松例祭の浄財を集める年末恒例の伝統行事、松の勧進は、祭りで主役を務める山伏の小聖が、法螺貝を吹く小聖を従えて家々をまわり、無病息災や家内安全のお札を配る。

4 精進料理

参拝者の宿泊所、食事処として利用できる斎館(羽黒山参籠所)では、出羽三山山麓で採れる山菜や筍などを使い羽黒独特のしきたりを守り続けた精進料理が味わえる(要予約)。

5 やまぶし温泉「ゆぽか」

鶴岡駅と羽黒山頂、月山8合目、羽黒センターを結ぶ路線バスの途中にある羽黒町の公営温泉。開放的な露天風呂でゆっくりとくつろげる。

・ 周辺の観光スポット ・

出羽三山神社の聖なる力に触れたあとに、あわせて訪れたい

クラゲの展示種類は世界一
鶴岡市立加茂水族館
つるおかしりつかもすいぞくかん

常時50種類以上のクラゲを展示しているほか、ウミネコの餌づけ体験やアシカショーなども人気。
MAP P.24 所鶴岡市今泉大久保657-1 ☎0235-33-3036 時9:00〜17:00 休無休 料1000円 URL kamo-kurage.jp

かつての最上川舟運の拠点
山居倉庫
さんきょそうこ

明治26(1893)年に旧藩主酒井家が建てた土蔵造りの米保管倉庫で、現在も農業倉庫として利用されている。
MAP P.24 所酒田市山居町1-1-8 ☎0234-23-7470(庄内米歴史資料館) 時9:00〜17:00(時期により異なる) 休12月末〜2月 料300円

東北地方唯一の藩校建築
庄内藩校 致道館
しょうないはんこう ちどうかん

庄内藩の士風の刷新と優れた人材の育成を目的に文化2(1805)年、庄内藩酒井家9代・酒井忠徳が創設した藩校。
MAP P.24 所鶴岡市馬場町11-45 ☎0235-23-4672 時9:00〜16:30 休水曜(祝日の場合は翌日休) 料無料 URL www.tsuruokakanko.com

船頭の舟唄を聞きながら
最上峡芭蕉ライン
もがみきょうばしょうライン

最上川の流れに身をまかせ、雄大な自然の景色を楽しむ舟下り。四季を通じていつでも楽しめる。
MAP P.24 所戸沢村古口86-1 ☎0233-72-2001 時8:30〜17:00、12〜3月9:00〜16:30 休無休 料片道2030円(変更あり) URL www.blf.co.jp

熊野三山

くまのさんざん【和歌山県田辺市・新宮市・那智勝浦町】

主な
ご利益　縁結び　家内安全

熊野の豊かな自然に坐(いま)す神々

1 熊野本宮大社での参拝は主祭神を祀る証誠殿から向かって左の結宮、右の若宮と進むのが順序　**2** 巨大な注連縄がかかる熊野速玉大社のあでやかな丹塗りの神門　**3** 熊野那智大社境内の御縣彦社殿前にたたずむ熊野の神の使い八咫烏像

御祭神

家津御子大神 けつみこのおおかみ（本宮大社）
木の神と崇められ、木の国(紀の国)の名の由来ともいわれる。

熊野速玉大神・熊野夫須美大神 くまのはやたまのおおかみ・くまのふすみのおおかみ（速玉大社）
霊の象徴とされる速玉大神と結霊の神・夫須美大神の夫婦神が主祭神。

熊野夫須美大神 くまのふすみのおおかみ（那智大社）
夫須美大神は森羅万象の根源に力を与える神として信仰されている。

現世の浄土と信じられ、多くの人が詣でた熊野信仰の中心地

　熊野三千六百峰と呼ばれる山々と黒潮流れる太平洋。豊かな自然のすべてに神々が宿るとされる熊野の地に古代から鎮まる熊野本宮大社、熊野速玉大社、熊野那智大社は熊野三山あるいは熊野三所権現と総称される。

　明治22(1889)年の大洪水まで熊野川の中洲にあった本宮大社の主祭神は樹木や熊野川、那智大社の主祭神は那智の滝の神格化とされる。また、速玉大社の主祭神・速玉大神は、海・山・川に囲まれた聖地に降臨した映え輝く神霊を表現する。それぞれが上古の自然信仰に源を持つ3社だが、仏教伝来以降に起こった神仏習合によって、本宮大社の主祭神は阿弥陀如来、速玉大社の主祭神は薬師如来と千手観音、那智大社の主祭神は千手観音と権現され、熊野三山と総称されるようになった。

　平安時代に浄土思想が盛んになると、熊野の地そのものが現世の浄土の地として都人の憧れの場所となり、上皇たちの度重なる熊野御幸もあって全国に知られるようになった。時代が下るにつれ、熊野詣は武士や庶民にも広がり、「身分、男女、浄不浄、信不信」を問わない熊野の神々の救いを求め、「蟻の熊野詣」と称されるほどのおびただしい人々が険しい道を越え熊野をめざした。

熊野本宮大社　MAP P.30
所 田辺市本宮町本宮1110　☎0735-42-0009
時 8:00〜17:00(宝物館は9:00〜16:00)
休 不定休　料 宝物館300円　交 JR紀伊田辺駅から龍神バス・本宮大社前行きなどに乗り1時間52分、本宮大社前下車すぐ　URL www.hongutaisha.jp

熊野速玉大社　MAP P.30
所 新宮市新宮1　☎0735-22-2533　時 5:30〜17:30
(季節により異なる、神宝館は9:00〜16:00)
料 神宝館500円　交 JR新宮駅から徒歩15分
URL kumanohayatama.jp

熊野那智大社　MAP P.30
所 那智勝浦町那智山1　☎0735-55-0321
時 5:30〜16:30(宝物殿は8:30〜16:00)
料 宝物殿300円　交 JR紀伊勝浦駅から熊野交通バス・那智山行きに乗り25分、終点下車、徒歩10分
URL www.kumanonachitaisha.or.jp

 Words

熊野
紀伊半島の南部地域。大化の改新以前に熊野国があった場所にほぼ相当。熊の語源は辺境を意味する「隈」で、都人にとって山々の向こうの熊野は辺境の地と感じられていた。

熊野御幸
平安時代に始まる上皇たちの熊野詣のこと。宇多天皇に始まる熊野御幸は、後白河上皇の33回を筆頭に13世紀までに100回近くになる。

神仏習合と熊野権現
仏教と日本の土着の信仰が混淆して体系化された思想。そのひとつの本地垂迹説では、日本の神々は仏が人々を救うためにこの世に現れた姿(権現)であるとされた。

八咫烏
熊野の神の使いとされる3本足の烏。神武東征の折、那智の滝を目印に上陸した天皇は八咫烏に導かれ大和に至ったとされる。

熊野三山の見どころ
紀伊半島を縦横に延びる熊野古道で結ばれた熊野三山を巡る

御遷座120周年を期して社殿を修復
熊野本宮大社境内
くまのほんぐうたいしゃけいだい

明治の大洪水で流出を免れた4殿を移築した、熊野権現造の社殿は国の重要文化財。平成22(2010)年から社殿、水垣、鈴門、神門の葺き替え工事が行なわれ、新しく再生した姿を見ることができる。

大注連縄がかかる神域の入口
熊野本宮大社神門
くまのほんぐうたいしゃしんもん

参道石段を上りきると神門が出迎える。大注連縄がかかり、干支の大絵馬を掲げた神門の向こう正面に見えるのは主祭神を祀る証誠殿。なお、神門内の撮影には許可が必要なので注意したい。

熊野大権現の奉納幟が立ち並ぶ
熊野本宮大社参道
くまのほんぐうたいしゃさんどう

俗界と神域の結界を表す一の鳥居から境内へは、杉木立に包まれた158段の石段の参道を上る。参道途中には、参拝する前に身の穢れを祓う祓戸大神が祀られ、手を浄める手水舎もある。

大鳥居が立つ熊野信仰発祥の地
大斎原
おおゆのはら

明治の大洪水まで熊野本宮大社があった旧社地。かつて境内には、12の社殿が横一列に並んでいた。現在は日本一高い大鳥居が立ち、流失した社殿を祀る祠が静かに佇んでいる。

主祭神をはじめ十八柱の神々を祀る
熊野速玉大社拝殿
くまのはやたまたいしゃはいでん

鮮やかな丹塗りの拝殿の正面には、縁結びの神として知られる主祭神を祀る第一殿(結宮)と第二殿(速玉宮)がある。第二殿の横には、鈴門と瑞垣を前に上三殿と八社殿が並んでいる。

巨岩ゴトビキ岩を御神体にする
熊野速玉大社摂社 神倉神社
くまのはやたまたいしゃせっしゃ かみくらじんじゃ

2月6日に行なわれる勇壮なお燈まつりでも名高い。60mの断崖に迫り出す巨岩ゴトビキ岩は、熊野の神々が最初に降臨した場所とされる。境内へ続く鎌倉積みの538段の石段は源頼朝の寄進と伝わる。

那智の大楠に映える朱塗りの社殿
熊野那智大社境内
くまのなちたいしゃけいだい

熊野那智大社の境内へは473段の石段の参道が導く。鮮やかな丹塗りの拝殿と6棟の本殿が並ぶ境内からは那智の滝を見晴らし、拝殿の横には平重盛手植えと伝わる大楠がそびえる。

那智原始林を縫って懸る神なる大滝
那智の滝(飛瀧神社)
なちのたき(ひろうじんじゃ)

那智山の信仰の起源とされる聖なる滝は落差133m。国の重要無形民俗文化財に指定された那智の扇祭り(那智の火祭)は、神が那智大社から那智の滝へと里帰りする儀式という。

 ご参拝キーワード

広域に位置する熊野三山。悠久の時を経て、今も荘厳に佇む

1 平成16年度世界文化遺産登録

熊野信仰の中心地「熊野三山」、真言密教の聖地「高野山」、修験道の拠「吉野・大峯」と、各霊場を結ぶ参詣道は「紀伊山地の霊場と参詣道」として世界文化遺産に登録。

2 日本一のジャンボみくじ

那智大社拝殿前にあるおみくじは筒の高さが133cmと日本一。落差133mの那智の滝に由来するという。両手で抱えてくじを引いてみよう。

3 那智の滝(飛瀧神社)の御神水

なちのたき（ひろうじんじゃ）のごしんすい

那智の滝の滝壺近くにある御瀧拝所舞台の入口には、花山法皇の千日滝籠りに由来する、開運、延命長寿、招福のご利益がある延命長寿水が湧き、神杯に受けて飲むことができる。

4 熊野速玉大社の御神木梛

くまのはやたまたいしゃのごしんぼくなぎ

昔から、旅の安全を願い梛の葉を懐に入れて参拝する習わしがあった。熊野速玉大社には梛の木の実で作られた縁結び、家内安全のお守り「なぎ人形」の授与品もある。

5 熊野牛王宝印

くまのごおうほういん

烏絵文字で書かれた熊野三山独特の神札。熊野三山によって烏の数やデザインが異なっている。三枚集めるのが熊野詣の眼目とされる。

• 周辺の観光スポット •

熊野三社周辺にはゆかりの見どころ、湯どころ目白押し

熊野御幸のメインルート
熊野古道 中辺路
くまのこどう なかへち

熊野古道紀伊路のうち田辺から山中を東進して熊野三山へと延びる道。道沿いには熊野の神の分社、王子の数も多い。
MAP P.30 所田辺市中辺路町・本宮町・新宮市・那智勝浦町 ☎0739-64-1470（熊野古道館）、0735-42-0735（熊野本宮観光協会）ほか

八咫烏をイメージした建物
瑞鳳殿
ずいほうでん

熊野本宮大社石段上り口に建つ神社の研修施設で、情報コーナーやみやげ店、喫茶などもある。
MAP P.30 所田辺市本宮町本宮195-3 ☎0735-42-0009（熊野本宮大社） 開9:00～17:00（店舗により異なる） 困不定休（店舗により異なる）

熊野詣の湯垢離場だった
湯の峰温泉
ゆのみねおんせん

開湯は1800年前といわれる日本最古の温泉のひとつ。温泉街を流れる湯の谷川の川原にある「つぼ湯」は世界遺産に登録。
MAP P.30 所田辺市本宮町湯の峯 ☎0735-42-0735（熊野本宮観光協会） 開つぼ湯6:00～21:30 困不定休 料つぼ湯770円 URL www.hongu.jp

西国三十三所第一番札所
那智山青岸渡寺
なちさんせいがんとじ

明治の神仏分離令までは熊野那智大社と一体で、修験道場として栄えた。重要文化財の本堂は豊臣秀吉の再建。
MAP P.30 所那智勝浦町那智山8 ☎0735-55-0001 本堂5:00～16:30、三重塔8:00～16:00 料三重塔300円

賀茂別雷神社（上賀茂神社）
かもわけいかづちじんじゃ（かみがもじんじゃ）【京都府京都市】

賀茂御祖神社（下鴨神社）
かもみおやじんじゃ（しもがもじんじゃ）【京都府京都市】

主な
ご利益　国家安泰　厄除

葵祭で知られる京都で最も古い二社

1 糺の森から続く参道の最奥に立つ賀茂御祖神社の正面鳥居　**2** 賀茂別雷神社楼門の手前にある橋は御物忌川（おものいがわ）に架かる「玉橋」で一般の人は通行禁止　**3** 賀茂別雷神社の一の鳥居から二の鳥居に至るまでの芝生の参道脇には御所桜や斎王桜などが咲き誇る

御祭神

賀茂別雷大神 かもわけいかづちのおおかみ（賀茂別雷神社）
別雷とは雷を別ける程の力という意味で、厄除を司る。

賀茂建角身命 かもたけつぬみのみこと（賀茂御祖神社）
賀茂氏の始祖。神武天皇の東征に際し、八咫烏に化身して熊野路を先導した。

玉依媛命 たまよりひめのみこと（賀茂御祖神社）
賀茂建角身命の娘。賀茂別雷神の母。

賀茂川沿いに花開いた古代文化の中心地

一般に、賀茂川の上流にあって上(かみ)の社を上賀茂神社、下流にあるので下(しも)の社を下鴨神社と呼ぶが、上賀茂神社は「賀茂別雷神社」、下鴨神社は「賀茂御祖神社」が正式名で、古来より二社を総称して賀茂神社という。

『山城国風土記』によると、賀茂川で禊をする玉依媛命に上流から丹塗矢(にぬりのや)が流れきて、その矢を持ち帰ったところ、懐妊したというのが創建神話だ。その子がのちに神山(こうやま)に降臨する雷神の賀茂別雷大神である。雷を別ける力で、古代から農耕民族の崇敬の的だ。賀茂神社の存在は、賀茂川沿いが賀茂氏の開拓によって平安京以前から拓けていたことを物語る。

両社で催される「賀茂祭(葵祭)」は、約1400年前、風水害が続き農作物が実らないため、占部伊吉若日子(うらべいきわかひこ)に占わせたところ、賀茂大神の祟りだとわかった。そこで賀茂神社で祭祀を行なった結果、風雨が収まり五穀豊穣となったのが葵祭の起こりという。

平安遷都後は、両社とも皇城の守護神として歴代皇室の行幸・斎王・式年遷宮など伊勢神宮に次ぐ崇敬を得た。いずれも広大な敷地に小川の流れを巧みに取り入れた典雅な社殿が多数建ち並び、王朝時代さながらの景観を呈している。

賀茂別雷神社　MAP P.36
所 京都市北区上賀茂本山339　℡ 075-781-0011
開 5:30～17:00　料 無料(特別参拝500円)
交 JR京都駅から市バス9系統・堀川通西賀茂車庫前行きに乗り40分、上賀茂御薗橋下車、徒歩3分
URL www.kamigamojinja.jp

賀茂御祖神社　MAP P.36
所 京都市左京区下鴨泉川町59　℡ 075-781-0010
開 6:30～17:00　料 無料(大炊殿500円)
交 JR京都駅から市バス205系統・四条河原町北大路バスターミナル行きに乗り30分、下鴨神社前下車すぐ　URL www.shimogamo-jinja.or.jp

 Words

『山城国風土記』
平安遷都以前の山城国(京都府南部)の地理や文化風土が記載されている地誌。

賀茂氏
賀茂建角身命を始祖とする古代豪族。鴨氏と表記されることもある。

神山
賀茂別雷神社の北西約2kmにある御祭神がご降臨したと伝えられる円錐形の山。

賀茂祭(葵祭)
京都三大祭りのひとつ。毎年5月15日に天皇の勅命で執り行なわれる祭祀で、牛車、花傘、斎王代列など総勢500名の優美な平安朝風俗そのままの行列が見もの。供奉者の衣冠、牛馬にいたるまで双葉葵の葉で飾るため葵の名がある。『源氏物語』で葵の上と六条御息所が、葵祭の斎王列を見物しようと車争いをする場面がある。

賀茂別雷神社・賀茂御祖神社の見どころ
神さびた神域に、平安時代の佇まいを残す社殿が建ち並ぶ

お清めの砂の始まり
立砂（賀茂別雷神社）
たてずな

賀茂別雷神社の細殿前の白砂で作られた円錐形の盛砂は御神体の神山をかたどり、神を招く依り代の役割を果たしている。また、立砂の頂には目印の松葉が立てられている。

紫式部が和歌に詠み参拝した社
片山御子神社（賀茂別雷神社）
かたやまみこじんじゃ

玉依姫命を祀った摂社。縁結び神として古くから信仰があり、紫式部も参拝したことでも有名。葵の葉をかたどった絵馬には紫式部がこの社を詠んだ和歌が書かれている。

不思議な石からパワーを授かる
渉渓園（賀茂別雷神社）
しょうけいえん

曲水の宴が催される庭。一角には龍が棲むといわれた池の底にあったという「願い石」があり、2つの石が合わさった陰陽石で、両手で同時に触れると実りの力を授かれるという。

祭事に活躍する白馬
神馬舎（賀茂別雷神社）
しんめしゃ

日本乗馬発祥の地でもあり、葵祭をはじめ賀茂競馬など祭事には欠かせない神馬として「神山号」という白馬がいる。祭事のほか、毎週日曜の出社日には会えるかも。

朱色が目にも鮮やかな門
楼門（賀茂御祖神社）
ろうもん

寛永5(1628)年に造替された入母屋造・檜皮葺きの楼門。高さは約13mあり、東西に廻廊が延び、西廻廊の一間の床張りは葵祭の際に勅使が剣を解く剣の間になっている。

御神木に恋愛成就祈願
相生社（賀茂御祖神社）
あいおいのやしろ

縁結びの神である神皇産霊神が御祭神。「連理の賢木」という、2本の木が途中から1本に結ばれた御神木は、カップルで2本の紐に付いた鈴を同時に鳴らすと吉だそう。

十二支の守護神
言社（賀茂御祖神社）
ことしゃ

「干支の守り神」ともいわれ、中門の内側に大国主命の7つの別名を掲げて祀る7社が並ぶ。生まれ年の守護神とされ、商売繁盛の神様でもある。

町なかに残る太古の森
糺の森（賀茂御祖神社）
ただすのもり

賀茂御祖神社の境内を包む平安京遷都以前の原生林の面影を残す自然の森。樹齢500年を超える樹木が生い茂り、森を縫うように小川が流れる神域には、森厳な空気が漂う。

ご参拝キーワード

世界文化遺産の両社は式年遷宮を迎え、新たな歴史を刻んでいる

1 平成27年は式年遷宮

両社では、神事「式年遷宮」が21年ごとに行なわれる。平成27(2015)年4月に賀茂御祖神社で、10月には賀茂別雷神社で修造を終えた御本殿に御祭神を遷す正遷宮が行なわれる。

2 鏡絵馬
かがみのえま

賀茂御祖神社の摂社・河合神社の美麗祈願絵馬。手鏡の形をした絵馬に描かれた顔を、自分の化粧道具や色鉛筆などでメイクして奉納する。

3 天空の神様 (賀茂別雷神社)

天空を守護する賀茂別雷大神と大空を駆ける八咫烏の化身である賀茂建角身命にちなみ、旅行の神として全国でも珍しい「航空安全」のお守りがある。

4 岩上 (賀茂別雷神社)
がんじょう

玉橋の先に鎮座する磐座石。葵祭に際し、皇室からの勅使に宮司が蹲踞して返祝詞を申す場。賀茂信仰の原点として「気」の集中する場所といわれている。

5 御手洗池&みたらし団子
(賀茂御祖神社)

御手洗池に湧くあぶくを人の形にかたどったというみたらし団子は、葵祭や御手洗祭のときに神前の供え物として作られたのが始まり。

周辺の観光スポット

美人祈願の願い事を携え参拝後は、古い町並み枯山水に癒される

美しくなりたい女性は必訪
河合神社
かわいじんじゃ

糺の森の南に鎮座する鴨長明ゆかりの社。女性の守護神・玉依姫命を祀り、美麗祈願の「鏡絵馬」が有名。
MAP P.36 所 京都市左京区下鴨泉川町
☎ 075-781-0010（賀茂御祖神社） 開 6:30〜17:00
料 鏡絵馬800円

日本最大級の荘厳な三門が建つ
知恩院
ちおんいん

元和7(1621)年、徳川二代将軍秀忠の命を受け建立された三門や大鐘など見どころ多数。国宝の御影堂は現在修理中。
MAP P.36 所 京都市東山区林下町400 ☎ 075-531-2111 開 9:00〜16:00 料 無料（友禅苑300円、方丈庭園400円） URL www.chion-in.or.jp

賀茂別雷神社に仕えた神官の町
社家の町並み
しゃけのまちなみ

賀茂別雷神社の南、明神川に沿って同神社の神官が住んだ風雅な屋敷が建ち並ぶ。西村家別邸が公開されている。
MAP P.36
所 京都市北区上賀茂中大路町
開 見学自由

茶の湯と枯山水の禅刹
大徳寺
だいとくじ

禅宗建築の大伽藍で22の塔頭を擁する。茶の湯と縁が深く、千利休や戦国武将ゆかりの茶室や枯山水が名高い。
MAP P.36
所 京都市北区紫野大徳寺町53 ☎ 075-491-0019
開 9:00〜16:00 料 境内無料（塔頭の拝観は有料）

伏見稲荷大社

ふしみいなりたいしゃ【京都府京都市】

主なご利益　五穀豊穣　商売繁昌

庶民と深く結びつくお稲荷さんの総本宮

❶ 表参道から拝する二の鳥居と楼門　❷ 鳥居は稲荷山全体で約1万基あり、所狭しと建てられている　❸ 初詣では関西一の参拝者を集める拝殿。豊穣を表す朱色が鮮やか　❹ きつねが稲荷神のお使いとなったのは、穀物を食い荒らす野ねずみを食べてくれるからや、稲荷神の別名「御食津神（みつけがみ）」を「三狐神（みけつのかみ）」と書き間違えたなど諸説ある

御祭神
宇迦之御魂大神　うかのみたまのおおかみ
農業・食物を司る神で、稲荷神、俗にお稲荷さんとして親しまれている。

佐田彦大神　さたひこのおおかみ／大宮能売大神　おおみやのめのおおかみ／田中大神　たなかのおおかみ／四大神　しのおおかみ

世界中の人々を魅了する千本鳥居と庶民信仰のお山巡り

 京都東山の最南端に位置する稲荷山の麓に広がる境内は、近年、口コミサイトなどで千本鳥居に魅了される外国人観光客が急増。国際色も豊かになっているが、林立するおびただしい数の鳥居で、まぶしいほど朱色に染まる異空間だ。

 『山城国風土記』によれば、和銅4(711)年に、深草の長者で渡来系の豪族・秦伊呂具が餅を的にして矢を射たところ、餅が白鳥になって稲荷山の三ヶ峰に飛び去り、舞い降りたところに稲が実った。そこに社を建て、伊奈利と社名を称したのが始まりと伝わる。もとは穀物神、農業神を祀る秦氏の氏神であったが、平安時代には真言密教と結びつき、中世から近世へと商工業が発達するにつれて商売繁昌・家内安全の神として稲荷信仰が急速に広がった。江戸期には「稲荷勧請」といわれる御分霊が流行し、現在では全国約3万余の稲荷神社の総本宮となっている。本殿より後ろの千本鳥居から稲荷山最高峰の一ノ峰まで約4km、無数の神蹟や祠、お塚などを巡拝することを「お山巡り」という。お塚とは個人が各々の家で祀る"何某稲荷大神"の神名を石に刻んで奉納したもの。その他、薬力さん(万病治癒)、眼力さん(眼病・先見の明)、膝松さん(神経痛治療)、おせき稲荷(風邪・咳平癒)など、土俗的な民間信仰の祠が山中に点在する。一心に手を合わせる人々に出会うことも多く、日本人とお稲荷さんが根強く結びついていることに気づかされる。

MAP P.42
所 京都市伏見区深草薮之内町68 ☎075-641-7331
開 境内自由 交 JR稲荷駅からすぐ／京阪・伏見稲荷駅から徒歩5分 URL inari.jp

 Words

秦氏
 養蚕、機織、酒造、治水技術などをもって朝廷から優遇された渡来系の豪族。

稲荷勧請
 稲荷大神の御分霊を請じ迎えること。勧請された御霊は、一般家庭の屋敷神をはじめ、商店内、企業のビルの屋上、工場の敷地内などにも祀られている。

膝松さん
 「根上りの松」とも呼ばれ、2つに分かれた松の根をくぐると神経痛や肩のコリが治るという。"ねあがり"の名から、給料や株の値上がりを願う人の信仰もある。(修繕中の場合あり)

おせき稲荷
 咳が止まらない人や喉を使う職業の人に霊験ありと信仰が篤い社。全国から治療祈願やお礼の葉書が届けられる郵便受けがある。

伏見稲荷大社の見どころ
広大な境内には無限の祈りのかたちが点在する

母の病気平癒を祈った秀吉の門
楼門
ろうもん

天正17(1589)年に豊臣秀吉が母大政所(おおまんどころ)の病気平癒を祈って造営した豪壮な門。大政所の病気平癒祈願が成就すれば一万石奉加する、と記したいわゆる"命乞いの願文"が残る。

豪華絢爛な唐破風向拝(からはふこうはい)
本殿
ほんでん

明応8(1499)年建造の稲荷造りと呼ばれる大建築。檜皮葺き屋根の五間社流造(ながれづくり)様式で、正面に朱塗りの唐破風の屋根が付いた内拝殿(かえるまた)をもつ。蟇股には蓮、牡丹、唐獅子など華麗な彫刻が施されている。

朱に染まる圧巻の奉納鳥居
千本鳥居
せんぼんとりい

奥宮から奥社に続く二筋の参道にトンネル状に林立する朱塗りの鳥居。願いが「通る、通った」お礼の意味から鳥居を奉納する習慣が江戸時代から広まり、今も奉納者は増え続けている。

稲荷山を遠くから拝む奉拝所
奥社(奥社奉拝所)
おくしゃ(おくしゃほうはいじょ)

千本鳥居の参道を行くことおよそ100m。通称"命婦谷"にあって稲荷山三ヶ峰の西にあたり、お山を遥拝(遠くから拝む)ために設けられた奥社奉拝所。ここに狐の顔の絵馬がある。

祈願成就を占う試し石
おもかる石
おもかるいし

奥社(奥社奉拝所)のかたわらにある石灯籠の前で願い事をし、灯籠の宝珠を持ち上げる。持ち上げたときに感じる重さが予想より軽ければ願い事が叶い、重ければ叶い難いとされる。

稲荷といえば…
眷属の狐
けんぞくのきつね

稲荷大神のお使い(眷属)の白い狐が伏見稲荷大社のシンボル。境内のいたるところに狛犬ならぬ狐像があり、稲穂や巻物、鍵、宝珠などをくわえていたり、飛んでいたり、子ども連れだったり多種多様だ。

自由に描くオリジナルの絵馬
きつね絵馬
きつねえま

奥社(奥社奉拝所)では狐の細い目だけが描かれている逆三角形の願かけ絵馬が授与され、これに自由に顔を描いて祈願できる。絵馬掛けに並んでいる個性的な狐の顔を眺めているだけでも楽しくなる。

キュートな願かけ千本鳥居
鳥居の絵馬
とりいのえま

「願いが叶いますように」と授与されるミニチュアの鳥居の絵馬。柱や貫にお願い事を書いて奉納祈願できるが、そのかわいらしさで伏見稲荷大社らしいおみやげとして持ち帰る人もいる。

ご参拝キーワード

神域の稲荷山一帯には庶民の信仰と不思議が満ちている

1 レアおみくじにチャレンジ

大吉より上の「大大吉」があり、「吉凶相央」は吉凶半分ずつ、「末大吉」は行く末が大吉、「凶のち吉」は今は悪くともあとは吉など、16段階の運勢がある。

2 薬力さん（薬力社）
やくりきさん（やくりきしゃ）

無病息災、薬の神様。手押しポンプの井戸があり、御神水で薬を飲むと薬の効果が増すとされ、神水で茹でた「薬力健康たまご」は名物。

3 手水もユニークな眼力さん

「眼の病が良くなる」「先見の明・眼力が授かる」という信仰がある眼力社。経営者、相場関係者の信仰も篤い。稲荷山から飛び降りてきたようなキツネの手水がユニーク。

4 外国人観光客人気No.1

旅行口コミサイト「トリップアドバイザー」で「鳥居が圧巻」「平和で美しく神秘的な場所」と高評価を得て"外国人に人気の日本の観光スポット2014"の第1位に輝いた。

5 稲荷山のてっぺん「一ノ峰」

清少納言も巡ったという標高233mの稲荷山の最高峰で、末広大神を祀る。人気・芸能・指針の英知を授かるとされ、商売繁昌のご加護もある。

・周辺の観光スポット・

紅葉の名所のほか、下町の雰囲気が色濃い門前散策も味わい深い

日本に唯一残る平安京の遺構
東寺（教王護国寺）
とうじ（きょうおうごこくじ）

延暦15(796)年創建、のちに空海が真言密教の根本道場とした寺。金堂、講堂、大師堂など国宝や重要文化財が建つ。
MAP P.42　所 京都市南区九条町1　☎075-691-3325　開 8:30～17:00(季節により変動あり)　料 境内無料、金堂・講堂500円　URL www.toji.or.jp

みやげにグルメ、賑わいの門前町
裏参道商店街
うらさんどうしょうてんがい

神具にみやげ物店、名物のスズメやウズラ焼、いなり煎餅にいなり寿司など個性あふれる庶民的な店が並ぶ。
MAP P.42　所 京都市伏見区深草薮之内町　開 見学自由　URL www.fusimi-inari.com

楊貴妃観音で美人祈願
泉涌寺
せんにゅうじ

皇室の菩提所として御寺と尊称される。楊貴妃観音堂は楊貴妃にあやかり良縁、美人祈願の人気スポット。
MAP P.42　所 京都市東山区泉涌寺山内町27　☎075-561-1551　開 9:00～16:30(12～2月は～16:00)　料 500円　URL www.mitera.org

京都屈指の紅葉の名所
東福寺
とうふくじ

東大寺と興福寺から一字をとって寺名としたほど、渓谷美を抱く境内に大伽藍を誇る。通天橋一帯は紅葉の名所。
MAP P.42　所 京都市東山区本町15-778　☎075-561-0087　開 9:00～16:00、11月8:30～16:30　料 通天橋・開山堂400円、本坊庭園400円　URL www.tofukuji.jp

明治神宮
めいじじんぐう【東京都渋谷区】

主なご利益　国家安泰　世界平和

都心に鬱蒼と茂る森の中の神社

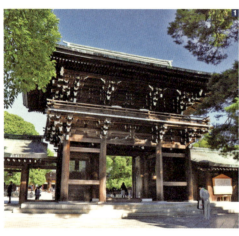

❶ 戦災を免れた南神門は重厚感ある造り　❷ 高さ12m、幅17.1mの大鳥居(第二鳥居)は、木造の明神鳥居としては日本一の大きさ　❸ 巨木に囲まれた参道。森閑とした雰囲気が漂う

　明治天皇と昭憲皇太后を祀るため、大正9(1920)年に創建。厳かな内苑を中心に、聖徳記念絵画館や各種スポーツ施設を持つ外苑、明治記念館からなる。内苑を覆う広さ約70万㎡の森は、神宮造営の際に全国から献木された約10万本を植栽した人工林。歳月とともに巨大な森へと生長を遂げ、234種の樹木が茂る都心のオアシスとなっている。創建当時の建造物は第二次世界大戦の空襲により大半が焼失。現在の社殿は昭和33(1958)年に再建されたもので、神社建築の粋を集めた建築美が印象的だ。日本最大の木造明神鳥居や重要文化財の宝物殿、四季折々の花に彩られる御苑も見どころ。年間を通して多くの人々が訪れ、初詣は例年日本一の参拝者数を誇る。

 御祭神　**明治天皇／昭憲皇太后**
めいじてんのう／しょうけんこうたいごう

MAP P.46
所 渋谷区代々木神園町1-1　℡ 03-3379-5511
時 日の出～日没(御苑・宝物殿は9:00～16:30
※時期により変動あり)　料 無料(御苑・宝物殿は協力金として各500円)　交 JR原宿駅からすぐ
URL www.meijijingu.or.jp

明治神宮の見どころ
季節の風情が美しい御苑は、花の名所や井戸など見どころ充実

都会では珍しい湧水の井戸
清正井
きよまさのいど

加藤清正が掘ったとされるが、真偽のほどは定かでない。かつてこの場所には加藤家の下屋敷があったことから、築城や治水技術に長けていた清正が掘ったという説が生まれたようだ。

気品あふれる花菖蒲
菖蒲田
しょうぶだ

明治26(1893)年、明治天皇が昭憲皇太后のために植えさせた花菖蒲。明治神宮造営当時は48種だったが、堀切など江戸系の花が集められ、現在は約150種1500株が咲き競う。

荘厳な2つの拝殿が並ぶ
拝殿
はいでん

拝殿は外拝殿と内拝殿があり、昭和33(1958)年の再建。外拝殿は一般参拝用で、銅板葺き、入母屋造の壮大な屋根が美しい。奥には内拝殿があり、重要な祭儀などが執り行なわれる。

 Words

明治天皇と昭憲皇太后
慶応3(1867)年に14歳で即位した明治天皇は、王政復古を実現して明治新政府を樹立、近代立憲君主制国家を確立した。昭憲皇太后は明治天皇の皇后で、女子教育の奨励や日本赤十字社の設立などに尽力した。

聖徳記念絵画館
明治の聖代を伝える80枚の壁画を展示する。平成23(2011)年、国の重要文化財に指定。

明治記念館
昭和22(1947)年に明治神宮の総合結婚式場として開館。明治憲法草案制定時の御前会議が開かれた場所でもある。

御苑
江戸時代は大名下屋敷の庭園で、明治時代に宮内省所轄となり、代々木御苑と称された。菖蒲田や清正井がある。

ご参拝キーワード

人工林からおみくじまで、明治神宮ならではの特徴に注目したい

1 おみくじ「大御心」
おみくじおおみごころ

明治神宮のおみくじは吉凶を占うものではない。明治天皇・昭憲皇太后が詠んだ和歌から人生の教訓となるものを15首ずつ、計30首選び、解説文を添えたものとなっている。

2 表参道
おもてさんどう

最新の流行発信地として知られる表参道は、じつは明治神宮の参道。明治神宮の造営は、周辺の街づくりにも大きな影響を与えたことがわかる。

3 代々木の杜
よよぎのもり

明治神宮の森には、椎や樫などの照葉樹が多い。この地が関東ローム層であることを考慮し、かつ大気汚染に強い樹木を植えたためで、永遠の森を目指した先人の叡知がうかがえる。

4 人気スポット

清正井の湧水の量は毎分60ℓ。涸れることなく湧き続けることから、最近ではパワースポットとして注目され一大ブームに。澄んだ水面を見ていると、不思議な力を感じるかも。

5 森林浴&バードウォッチング

鬱蒼とした明治神宮の森は、周囲の喧騒を感じさせない別世界。野鳥も数多く、都心にいながらバードウォッチングや森林浴が楽しめる。

・ 周辺の観光スポット ・

落ち着いた神社や公園と賑やかな観光スポットが共存

若者や外国人観光客で賑わう
竹下通り
たけしたどおり

原宿駅から明治通りまで延びる全長約350mの通り。個性的なファッションの店が並び、観光客も多く訪れる。
MAP P.46 所渋谷区神宮前 ☎03-3403-2525（竹下通り商店会） URL www.takeshita-street.com

都心に残る貴重な憩いの場
新宿御苑
しんじゅくぎょえん

広さ58.3haの苑内に、フランス式、イギリス式、日本式など多様な庭園がある。春は約1100本の桜が咲き誇る。
MAP P.46 所新宿区内藤町11 ☎03-3350-0151 開9:00～16:00 休月曜（祝日の場合は翌平日休） 料200円 URL www.env.go.jp/garden/shinjukugyoen
※酒類は持込禁止。遊具類は使用禁止

NHKの体験型テーマパーク
NHKスタジオパーク
エヌエイチケイスタジオパーク

NHKの多彩な活動を紹介する施設。大河や朝ドラの展示や番組関連イベント、公開生放送番組を見学できる。
MAP P.46 所渋谷区神南2-2-1 ☎03-3485-8034 開10:00～18:00 休第4月曜 料200円 URL www.nhk.or.jp/studiopark

勝利の神として信仰を集める
東郷神社
とうごうじんじゃ

日露戦争を勝利に導いた東郷平八郎を祀る神社。毎年7月16日に行なわれる「みたま祭」は原宿の夏の風物詩。
MAP P.46 所渋谷区神宮前1-5-3 ☎03-3403-3591 開6:00～17:00（時期により異なる）
料無料 URL www.togojinja.or.jp

鶴岡八幡宮

つるがおかはちまんぐう【神奈川県鎌倉市】

主なご利益：家内安全　必勝祈願

鎌倉幕府の守護神で鎌倉の街のシンボル

① 神事や結婚式が行なわれる舞殿越しに流権現造の本宮が見える　② 源氏池に浮かぶ旗上弁財天社は、北条政子の建立と伝わる　③ 源頼朝、源実朝を祀り、必勝、学業成就の信仰が篤い白旗神社

　康平6(1063)年、源頼義が奥州を平定すると、その御神徳によるものとして、源氏の守り神とされる京都の石清水八幡宮を由比ヶ浜に勧請して祀ったのを始まりとする。その後、源頼朝が現在の地に社殿を造営し、参道の若宮大路に段葛を築き、源平池や石橋などを造ったが、建久2(1191)年に大火で社殿が焼失したのを機に、本宮(上宮)と若宮(下宮)を建て、同年11月に鎮座祭を行ない、八幡宮ではこの日を創建としている。

　以来、鎌倉将軍家、北条氏、豊臣、徳川諸氏の崇敬を受け、関東の総鎮守として信仰されてきた。現在の社殿は、若宮は寛永元(1624)年に徳川秀忠が、本宮は文政11(1828)年に徳川家斎が造営した代表的な江戸建築で、いずれも重要文化財に指定されている。

御祭神：応神天皇／比売神（おうじんてんのう／ひめがみ）　神功皇后（じんぐうこうごう）

MAP P.50
所 鎌倉市雪ノ下2-1-31　℡0467-22-0315
時 8:00〜21:00　料 無料　交 JR鎌倉駅から徒歩10分
URL www.hachimangu.or.jp

鶴岡八幡宮の見どころ
鎌倉初代将軍源頼朝ゆかりの神社として史跡が数多く残る

大臣山の西側の麓に鎮座
今宮
いまみや

新宮ともいう。承久3(1221)年の承久の乱で隠岐に流された後鳥羽天皇の御霊をお慰めするため、宝治元(1247)年に創建された。倒幕を企て島流しとなった後鳥羽天皇、土御門天皇、順徳天皇を祀る。

倒伏した銀杏に再生祈願
大銀杏
おおいちょう

樹齢1000年余ともいわれる大銀杏が平成22(2010)年3月、強風により倒れたが、元の場所に残った根からは蘖(若芽)が伸び、移植した幹からも芽が萌えて、再生を願い祈願する人が絶えない。

夏は蛍、秋は紅葉の名所
柳原神池
やないはらしんち

若宮と白旗神社の間にあり、6月の梅雨入りの時期に「蛍放生祭」が行なわれる。かつては柳が多く植えられた柳の名所だったが、紅葉の名所となっている。

 Words

石清水八幡宮
京都の男山に鎮座する日本三大八幡のひとつ。創建は貞観元(859)年、大分の宇佐八幡を勧請したのに始まる。伊勢神宮とともに二所宗廟の一社。「やわたのはちまんさん」として親しまれている。

八幡神
応神天皇(誉田別命)を主神として、比売神、応神天皇の母、神功皇后をいうが、神社により、仲哀天皇、武内宿禰、玉依姫命を八幡三神として祀る神社も少なくない。

若宮大路
由比ヶ浜と鶴岡八幡宮を結ぶ約2kmの参道で、途中に3つの鳥居が建つ。中央の一段高い歩道は段葛と呼ばれ、養和2(1182)年、源頼朝が妻、北条政子の安産祈願のため造ったもの。平成28(2016)年3月まで工事中。

ご参拝キーワード

恒例のお祭り、境内、参道など、見どころが満載

1 2代目大銀杏

源頼家の次男、公暁が銀杏に隠れて待ち伏せし、源実朝を殺害したという伝説がある大銀杏。身を隠したのは先代の銀杏であり、現在の大銀杏は2代目である。

2 雪洞祭（ぼんぼりまつり）
せつどうさい

毎年8月の立秋前日（7日）から9日までの3日間（年により4日間）、境内には鎌倉在住の画家や書家、著名人などが揮毫したぼんぼりが飾られる。

3 鳩

古来より鳩は八幡様の使いとされ、本殿の掲額の「八」の字には、2羽の鳩が描かれている。また鎌倉時代の武将は勝運を呼ぶ鳥として鳩の絵柄を家紋に使うなどしたという。

4 ホテルあじさい

参道そばの旧北条泰時邸の跡地に昭和27(1952)年に菓子舗を創業した「鎌倉紅谷」。県指定銘菓に選ばれた「あじさい」にちなんだホテルも運営している。

5 丸山稲荷社火焚祭
まるやまいなりしゃひたきさい

当宮鎮座以前からあった稲荷社で最古の建造物とされる国の重要文化財。11月8日に火焚祭が執り行なわれ、湯立てや鎌倉神楽が奉納される。

周辺の観光スポット

言わずと知れた観光地で、周辺には古刹名刹が数多く点在する

観光客で賑わう繁華街
小町通り
こまちどおり

JR鎌倉駅から若宮大路と並行して鶴岡八幡宮方面へ延び、カフェや雑貨、鎌倉みやげを売る店などが軒を連ねる。
MAP P.50
所 鎌倉市小町、雪ノ下　営 困店舗により異なる
URL www.kamakura-komachi.com

夏目漱石や島崎藤村も参禅した
円覚寺
えんがくじ

蒙古襲来による殉死者を弔うため、北条時宗が中国より無学祖元禅師を招いて創建。臨済宗円覚寺派の大本山。
MAP P.50　所 鎌倉市山ノ内409　TEL 0467-22-0478　営 8:00～16:30（時期により異なる）
料 300円　URL www.engakuji.or.jp

日本で初めての禅宗専門道場
建長寺
けんちょうじ

鎌倉五山第一位の臨済宗建長寺派の大本山。北条時頼が建長5(1253)年に宋の高僧、蘭溪道隆を招いて建立。
MAP P.50
所 鎌倉市山ノ内8　TEL 0467-22-0981　営 8:30～16:30　料 300円　URL www.kenchoji.com

境内東側にある市立博物館
鎌倉国宝館
かまくらこくほうかん

鶴岡八幡宮だけでなく、近隣の各社寺が所蔵する仏像、絵画、工芸、古文書など貴重な文化財5000点余りを展示。
MAP P.50　所 鶴岡八幡宮境内　TEL 0467-22-0753
営 9:00～16:30　休 月曜（祝日の場合は翌日休）　料 300～600円　URL www.city.kamakura.kanagawa.jp/kokuhoukan

諏訪大社

すわたいしゃ【長野県諏訪市・茅野市・下諏訪町】

主な ご利益：五穀豊穣 必勝祈願

信濃国一之宮として広く崇敬を集める

❶下社秋宮。拝殿の奥には神明造りの宝殿があり、新しいほうを神殿、古い方を権殿と呼び、寅年と申年ごとに左右交互に御造営が行なわれる
❷御柱祭の様子。山から重さ10tにもなるモミの巨木を人力のみで曳き、各お宮の社殿の四隅に立てる。4月の「山出し」と5月の「里曳き」とがあり、男の度胸試しにふさわしい壮観な見せ場がある

　全国各地に1万余ある諏訪神社の総本社であり、信州随一の社格を誇る信濃国一之宮。あまりに歴史が古いため鎮座した年は不詳だが、『古事記』や『日本書紀』にも記載されている、日本最古の神社のひとつ。諏訪湖の東南に上社の前宮と本宮、西北に下社の春宮と秋宮の4社が鎮座している。上社前宮以外は本殿を持たず、諏訪造りの建築様式で建てられた幣拝殿が特徴的。諏訪大明神は、風と雨を司る神とされ、五穀豊穣や生命・生活の源を守る神と崇められてきた。軍神としても、北条氏一門や足利尊氏、武田信玄ら多くの武家に篤く信仰された。7年に一度行なわれる式年造営御柱大祭、通称「御柱祭」は、豪快な木落しで知られ、全国から多くの見物人が訪れる。

御祭神：建御名方神／八坂刀売神
たけみなかたのかみ／やさかとめのかみ

MAP P.54
上社本宮　所 諏訪市中洲神宮寺1　☎0266-52-1919
上社前宮　所 茅野市宮川2030　☎0266-72-1606
交 中央自動車道・諏訪ICから車で10分（本宮、前宮）
下社春宮　所 下諏訪町193　☎0266-27-8316
下社秋宮　所 下諏訪町5828　☎0266-27-8035
交 JR下諏訪駅から徒歩20分（春宮）／10分（秋宮）
開 いずれも境内自由　URL suwataisha.or.jp

諏訪大社の見どころ
多くの参拝者で賑わう4社それぞれに見どころが豊富

古い歴史を色濃く残す
上社本宮
かみしゃほんみや

上社本宮には徳川家康が寄進したといわれる四脚門など、貴重な建造物が数多く残され、6棟が国の重要文化財に指定されている。左右の片拝殿や幣拝殿に精緻な彫刻が見られる。

静かにお参りできる
上社前宮
かみしゃまえみや

御祭神が最初に居を定めたと伝えられる諏訪信仰発祥の地。現在の社殿は、伊勢神宮の御用材を用いて昭和7(1932)年に造営された。静寂に包まれた山腹、豊富な水や日照が得られる地に建つ。

多くの温泉客も訪れる
下社秋宮・春宮
しもしゃあきみや・はるみや

下社秋宮には青銅製としては日本最大の狛犬があり、拝殿奥には御神木がある。近くには下諏訪温泉街が広がる。杉に囲まれた下社春宮は、秋宮から西へ約1kmの位置に鎮座している。

Words

諏訪造り
一般的な本殿がなく、独特な幣拝殿や片拝殿のみが建立された造りのこと。上社は守屋山、下社秋宮は一位の木、下社春宮は杉の木を御神体としているため、本殿では御神体を覆い隠すことができないことから、諏訪造りという特徴的な社殿となっている。

式年造営御柱大祭
天下の大祭としても全国に知られている日本有数の祭。最大の見せ場は4月上旬に行なう下社の「木落し」。長さ100mの急坂を氏子が乗った御柱が豪快に下る。

建御名方神と八坂刀売神
建御名方神は大国主命の御子神で、八坂刀売神は妃神。伝説では、夫婦で信濃国の国造りをしたという。地元では「諏訪明神さま」「お諏訪さま」と呼ばれている。

ご参拝キーワード

諏訪大社独特の神事が有名。参拝後は名物みやげを求めたい

1 信濃国一之宮四社

一之宮とは格式のある最上位の神社のこと。旧国名ごとの場合が多く、諏訪大社は、信濃国(長野県)で最高位を誇る。神位は正一位。

2 諏訪湖の御神渡り
すわこのおみわたり

湖面が全面結氷し筋状の亀裂が発生する現象。諏訪湖では、氷の亀裂が上社から下社の方向へ出来ることから、上社の男神・建御名方神が、下社の女神・八坂刀売神のもとへ通った道筋が御神渡りとなって現れたという伝説がある。

3 式年造営御柱大祭
しきねんぞうえいみはしらたいさい

寅と申の年に行なう諏訪大社最大の神事。宝殿を造り替え、また社殿の四隅に御柱と呼ばれる樹齢200年ほどのモミの巨木を曳き立てる。

4 軍神
ぐんしん

諏訪大社の御祭神である建御名方神は、大国主の国譲りの際、これに異を唱え、鹿島神宮の御祭神と勇猛果敢に戦ったことが『古事記』に記載されている。そのため軍神あるいは武勇神とされ崇められている。

5 塩羊羹と大社煎餅

小豆餡にほのかな塩味が効いた塩羊羹と、香ばしいピーナツ入りせんべいの大社煎餅。どちらも諏訪大社の参拝みやげとして人気。

周辺の観光スポット

諏訪湖畔に史跡とカルチャースポットが点在

高さ2.6mの阿弥陀仏
万治の石仏
まんじのせきぶつ

下社春宮の近く。春宮の鳥居用に用意した石にノミを入れたら血があふれたため、阿弥陀仏が刻まれたという。
MAP P.54　所下諏訪町東山田　☎0266-26-2102（下諏訪観光協会）　開見学自由
URL shimosuwaonsen.jp

豊富なガラス製品
SUWAガラスの里
スワガラスのさと

諏訪湖南岸に建つ国内最大規模のガラスショップ。ガラスの美術館、トンボ玉などの体験工房、レストランを併設。
MAP P.54　所諏訪市豊田2400-7　☎0266-57-2000　営9:00～18:00（10～3月は～17:00）
休無休　URL www.garasunosato.com

レトロモダンな温泉
片倉館
かたくらかん

片倉財閥が創設した昭和初期の温泉保養施設。100人が一度に入れるレトロモダンな温泉「千人風呂」が人気。
MAP P.54　所諏訪市湖岸通り4-1-9　☎0266-52-0604　営千人風呂10:00～21:00　休第2・4火曜
料千人風呂650円　URL www.katakurakan.or.jp

諏訪湖の展望スポット
立石公園
たていしこうえん

高台から諏訪湖を一望でき、天気が良ければ北アルプスも眺められる。とくに夕景と夜景の美しさで知られる。
MAP P.54
所諏訪市上諏訪10399　☎0266-52-4141（諏訪市都市計画課 公園緑地係）　開入園自由

富士山本宮浅間大社

ふじさんほんぐうせんげんたいしゃ【静岡県富士宮市】

主な ご利益：安産子安 火難消除

霊峰富士を仰ぐ富士信仰の中心地

❶ 美しい丹塗りの本殿と拝殿。壮麗な檜皮葺きの屋根が目をひく ❷ 雄大な富士山を背景として色鮮やかな鳥居が映える ❸ 湧玉池のほとりにひっそりと鎮座する水屋神社。霊水を汲んで持ち帰ることができる

　富士山の噴火を鎮めるために浅間大神を祀ったのが始まり。全国に1300余社ある浅間神社の総本宮と称えられ、大同元(806)年には坂上田村麻呂が現在の大宮の地に壮大な社殿を造営した。朝廷から篤い尊崇を受け、のちに駿河国一宮として発展。武家の信仰も深く、徳川家康は30棟以上を造営して境内一円を整備した。現存するのは本殿、幣殿、拝殿、楼門のみで、本殿は浅間造と呼ばれる独特の二層構造が特徴。本宮境内は約1万7000坪に及び、鏡池、湧玉池、桜の馬場などが点在する。

　富士山8合目以上は奥宮境内地で、山頂には奥宮や末社の久須志神社が鎮座。古くから伝わる登拝では、奥宮参拝後にお鉢回りをするのが習わしとなっている。

御祭神　木花之佐久夜毘売命
このはなのさくやひめのみこと

MAP P.58
所 富士宮市宮町1-1　☎0544-27-2002　営5:00～20:00 (11～2月は6:00～19:00、3・10月は5:30～19:30)
料 無料　交 東名高速道路・富士ICから車で20分
URL fuji-hongu.or.jp/sengen

富士山本宮浅間大社の見どころ
広大な本宮境内では、家康寄進の社殿や楼門が威厳を誇っている

富士登山者が身を清めた聖池
湧玉池
わくたまいけ

特別天然記念物に指定された湧泉。古くから霊水として崇められ、富士山信仰の信者たちは登山の前にここで禊をしたという。水が湧く水源の岩上には優雅な朱塗りの水屋神社がある。

家康が寄進した壮麗な楼門
楼門
ろうもん

高さ約12m、二階入母屋造で屋根は檜皮葺き。左右には随身が安置されており、背銘に慶長19(1614)年の年号が見られる。上部に掲げられた扁額は聖護院盈仁入道親王の筆によるもの。

勇壮な流鏑馬式の舞台
桜の馬場
さくらのばば

毎年5月5日、神事の流鏑馬式が行なわれる馬場。この祭りは源頼朝が巻狩を行なった際、武運長久・天下太平を祈り奉納したことに始まる。神木の桜が植えられ、春は桜の名所として賑わう。

Words

浅間大神（あさまのおおかみ）
木花之佐久夜毘売命。大山祇神の娘で、類まれな美貌を持つ女神として知られる。その美しさに一目惚れした瓊瓊杵尊の妃となった。大山祇神と瓊瓊杵尊は、相殿神として本宮と奥宮に祀られている。

登拝
富士山の御神徳を拝しながら登山すること。平安時代末期から始まり、江戸時代には富士講という団体登山が広まった。金剛杖をつき「六根清浄」を唱えながら登るのが習わし。一方、遠く隔たったところから富士山を拝むことを「遥拝」と呼ぶ。

お鉢廻り
噴火口の周りを一周すること。富士山では一周約3km、所要時間約1時間半で、基本的に時計回りとされる。

ご参拝キーワード

美しい女神が宿る境内には、厳かで神秘的な魅力がいっぱい

1 本殿（浅間造）
ほんでん（せんげんづくり）

関ヶ原の勝利祈願の報恩として徳川家康公が寄進。宝殿造の上に流造の社殿をのせた浅間造はここでしか見られない独特の建築様式で、重要文化財に指定されている。

2 湧玉池

富士山の雪解け水が、幾層にも重なった溶岩の間を通って湧き出たもの。昔から変わらず豊富な水をたたえ、神田川の水源にもなっている。

3 安産、火難除

木花之佐久夜毘売命は、貞操の証のため逃げ道のない産屋に火を放ち3人の皇子を産んだという。燃え盛る炎の中で無事に出産したことから、安産、火難除の神として有名だ。

4 桜（御神木）

木花之佐久夜毘売命の「木花」という神名から、桜が神木とされている。春は約500本の桜が境内を染め、富士山、朱塗りの大鳥居とあいまって、まさに日本を象徴する風景に。

5 富士宮やきそば

参拝後はあのB級グルメを。コシのある麺と独特の味付けが魅力で、ラードを搾ったあとの肉かすとイワシの削り粉がおいしさの秘訣だ。

• 周辺の観光スポット •

富士山麓の自然が育んだ美しい景色に心癒される

富士宮の食が一堂に集まる
お宮横丁
おみやよこちょう

浅間大社の門前に、富士宮グルメの人気店が結集。富士宮やきそば学会のショップや富士の湧水が飲める井戸も。
MAP P.58
所 富士宮市宮町　0544-22-5341（富士宮やきそば学会）　営 休 店舗により異なる

絹糸のように繊細で美しい滝
白糸ノ滝
しらいとのたき

富士の湧水が幅150mにわたって断崖から流れ落ちる。幾筋もの絹糸のように見えることからこの名がついた。
MAP P.58　所 富士宮市上井出273-1（白糸の滝駐車場）　0544-27-5240（富士宮市観光協会）
営 見学自由

逆さ富士の優美な姿に感動
田貫湖
たぬきこ

周囲3.3kmの湖。豊かな自然に囲まれ、釣りやキャンプなどが楽しめる。晴れた日は湖面に逆さ富士が映る。
MAP P.58
所 富士宮市猪之頭　0544-27-5240（富士宮市観光協会）　営 見学自由

朝霧公園にある体験型の牧場
まかいの牧場
まかいのぼくじょう

牛の乳搾りや引き馬など、動物とふれあって遊べる施設。バターなどの手作り体験や野菜の収穫体験も人気。
MAP P.58　所 富士宮市内野1327　0544-54-0342　営 9:00～18:00（11/21～3/20は～17:00）
休 不定休　料 800円　URL www.makaino.com

熱田神宮

あつたじんぐう【愛知県名古屋市】

主なご利益 家内安全 業務繁栄

1900年の歴史を誇る伊勢神宮に次ぐお宮

❶本宮の拝所は外玉垣御門(とのたまがきごもん)の前で、四尋殿をあわせ拝殿と称する ❷第一鳥居の正門から熱田の森と呼ぶ緑に囲まれた参道が続く ❸弘法大師お手植えと伝わる大楠。境内にある大楠では3番目に大きい

　皇位継承の御璽(みしるし)とされる三種の神器のひとつ、草薙神剣(くさなぎのみつるぎ)を祀る由緒あるお宮。創建は景行(けいこう)天皇43(113)年で、日本武尊(やまとたけるのみこと)が東征の帰途、尾張国造の御女である宮簀媛命(みやすひめのみこと)を妃とし、伊勢国能褒野(のぼの)で薨去(こうきょ)すると、武尊が残した神剣を妃が熱田の地に奉斎したのが始まり。以来、朝廷、武将の崇敬を集め伊勢神宮に次ぐ権威あるお宮として知られる。

　本宮の社殿は、明治26(1893)年に従来の尾張造から伊勢神宮とほぼ同様の神明造に改造され、平成25(2013)年には創祀1900年を迎えた。広大な神域には、本宮・別宮をはじめ、12の摂社と31の末社が鎮座し、宝物館には刀剣や日本書紀などの国宝・重文を含む約6000点の収蔵品を展示。主な祭典・神事だけでも年間70余りが行なわれ、年間650万人もの参拝者が訪れる。

御祭神 熱田大神 あつたのおおかみ

MAP P.62
所 名古屋市熱田区神宮1-1-1　☎052-671-4151
開 境内自由(宝物館は9:00〜16:30)
休 無休(宝物館は最終水曜とその翌日休)
料 宝物館300円　交 名鉄・神宮前駅から徒歩3分
URL www.atsutajingu.or.jp

熱田神宮の見どころ
緑豊かな神域には摂社や末社も多く、歴史的遺構も点在する

宮簀媛命の父、平止與命(おとよのみこと)を祀る
上知我麻神社
かみちかまじんじゃ

知恵の文殊様として合格祈願の絵馬奉納など篤く信仰されている。境内には大黒様と恵比須様が祀られ、毎年1月5日の「初えびす」では、商売繁盛、家内安全を願う人々で盛大に賑わう。

楊貴妃伝説のある石塔に水かけ
お清水
おしみず

「こころの小径」にあり、眼の神様として信仰される清水社の湧き水で、中央の苔むした石塔に3度水をかけて祈念すると願い事が叶い、この水で肌を洗うときれいになるといわれている。

小さな鳥居を奉献して心願成就
楠御前社
くすのみまえしゃ

伊弉諾尊(いざなぎのみこと)と伊弉冊尊(いざなみのみこと)を祀る。「子安の神」「お楠さま」と呼ばれ、種々の病気を治し、安産の神としても信仰され、小鳥居に干支と氏名を書いて奉献すると願い事が叶うといわれている。

 Words

草薙神剣(くさなぎのみつるぎ)
素盞嗚尊が出雲国で八岐大蛇(やまたのおろち)を倒し、その尾から出てきた太刀で、天照大神に献上したとされる。もとは天叢雲剣(あめのむらくものつるぎ)という。その後、日本武尊がこれを拝受し、東征途上の駿河で、野火攻めされたときにこの剣で草を薙ぎ払って賊を平定したことから、以降は草薙神剣と称されるようになった。

こころの小径(みち)
近年解禁され新名所として人気で、本宮や神楽殿の背後にある緑豊かな神域。熱田大神の荒魂を祀る一之御前神社(いちのみさきじんじゃ)や清水社、土用殿など見どころも少なくない。

建稲種命(たけいなだねのみこと)
父は尾張国造平止與命、宮簀媛命の兄。日本武尊東征の際、副将軍として軍を従え、軍功を挙げたが、帰途海上で逝去した。

ご参拝キーワード

祭りやイベント、グルメ情報など参拝前に知っておきたいあれこれ

1 名刀の宝庫

宝物館は、熱田神宮が草薙神剣を祀るところから刀剣類がとくに充実し、鎌倉時代の国宝・来国俊の短刀をはじめ、名刀の宝庫といわれている。

2 毎月15日の月次茶会

境内にある6軒の茶席のうち、蓬乾亭を除く5軒で、毎月15日に茶会を開催。四季折々の風情とともに心静かなひとときが過ごせる。

3 熱田まつり(例祭)

尚武祭とも呼ばれ、天皇陛下の勅使が参向される最も重要かつ荘厳な祭典。皇室の弥栄と国の平安を祈念。約25万人の市民が参拝し、各種奉納行事や露店で賑わう。

4 白鳥守

日本武尊が能褒野で薨去したのち、白鳥になって宮簀媛命の住む熱田へ飛来したという伝説にちなんだお守り。「愛まもり」ともいわれ、縁結びや夫婦円満のご利益で女性に人気。

5 絶品きしめん、ひつまぶし

参拝者に定番人気なのが、境内にある「宮きしめん」のきしめんと、正門近くにある「あつた蓬莱軒・神宮店」のひつまぶし。

・ 周辺の観光スポット ・

熱田の森周辺に点在する、由緒正しい地を訪れる

尾張の祖神を祀る子育ての神様
高座結御子神社
たかくらむすびみこじんじゃ

創祀は熱田神宮とほぼ同年とされる古社。「高座の井戸のぞき」は、虫封じのご利益があるとされている。
MAP P.62
所 名古屋市熱田区高蔵町9-9　☎052-671-0400
開 境内自由

日本武尊伝承ゆかりの古墳
断夫山古墳
だんぷさんこふん

全長約151mで東海地方最大の前方後円墳。宮簀媛命の墓として伝えられ、熱田神宮の神域として保護されてきた。
MAP P.62　所 名古屋市熱田区旗屋1-1014
☎052-954-6783（愛知県教育委員会生涯学習課文化財保護室保護グループ）　開 見学自由

東海地方最大級の日本庭園
白鳥庭園
しろとりていえん

築山を御嶽山に、池を伊勢湾に見立てた池泉回遊式庭園で、四季の風情や変化に富んだ水の風景が楽しめる。
MAP P.62　所 名古屋市熱田区熱田西町2-5
☎052-681-8928　開 9:00〜16:30　困 月曜（祝日の場合は翌日休）　￥300円　URL www.shirotori-garden.jp

伊勢国への東の入口にあたる
七里の渡跡
しちりのわたしあと

熱田の宮から桑名まで海路で七里あることから七里の渡と呼ばれ、東海道の42番目の宿場町として賑わった。
MAP P.62
所 桑名市東船馬町　☎0594-21-5416（桑名市物産観光案内所）　開 見学自由

嚴島神社

いつくしまじんじゃ【広島県廿日市市】

主なご利益 家内安全 商業繁栄

海を敷地とした平安様式の雅（みや）びな社

❶青い海に映える朱塗りの社殿と大鳥居 ❷寝殿造の庭にあたる平舞台。中央には舞楽が演じられる高舞台がある ❸国宝に指定されている廻廊。満潮時に訪れると、海の上を歩いているような雰囲気に

　神が宿る島とされる厳島に鎮座し、三女神を祀る古社。推古天皇元（593）年に創建されたのち、仁安（にんあん）3（1168）年、平清盛によって現在のような壮麗な社殿が造営された。海を敷地とした大胆な配置構成は極めて珍しく、本社を中心に客（まろうど）神社、大国神社、朝座屋、高舞台など多数の建造物が長さ約275mの廻廊で結ばれている。寝殿造の様式を巧みに取り入れた建築美が見事で、檜皮葺きの屋根には神社特有の千木や鰹木がなく、瓦を積んだ瓦棟が用いられるなど、随所にその特徴が見てとれる。背後の弥山原始林や紺碧の瀬戸内海とのコントラストも鮮やか。潮が満ちると社殿が海に浮かんでいるような光景が広がる。

御祭神
市杵嶋姫命　いちきしまひめのみこと
田心姫命　たごりひめのみこと
湍津姫命　たぎつひめのみこと

MAP P.66
所 廿日市市宮島町1-1　☎0829-44-2020
時 6:30～18:00（時期により変動あり）
料 300円　交 宮島桟橋から徒歩15分
URL www.miyajima-wch.jp/jp/itsukushima

嚴島神社の見どころ
朱塗りの長い廻廊を進み、寝殿造の粋を感じる社殿へ

大鳥居を望む絶景ポイント
火焼前
ひたさき

平舞台は寝殿造の庭にあたる部分。その前方に突き出た場所があり、火焼前と呼ばれる。管絃祭の起点となる場所でもあり、ここから88間(約160m)先の海上には大鳥居がそびえる。

三女神が祀られた神聖な場所
御本社
ごほんしゃ

本社の本殿、幣殿、拝殿、祓殿はいずれも国宝。現在の本殿は元亀2(1571)年、毛利元就により再建されたもの。壮麗な切妻両流造で、正面には緑青塗りの格子戸がはめられている。

国内唯一、海上に建つ能舞台
能舞台
のうぶたい

能や狂言が行なわれる場所。共鳴用の甕を床下に置けないため、海上で足拍子が良く響くよう、舞台の床が一枚板のように造られている。潮の満ち引きによっても音響が変化するという。

Words

三女神
市杵嶋姫命、田心姫命、湍津姫命の3柱を総称して三女神と呼ぶ。天照大神から生まれた三姉妹で、海の神として知られる。

寝殿造
平安時代の貴族住宅の様式。敷地の中央に寝殿と呼ばれる中心的な建物、その東西北に対屋と呼ばれる付属的な建物を配し、それらを渡殿と呼ばれる廊下で結ぶ左右対称の配置を基本とする。寝殿の南側には庭や池があり、優雅な佇まいが特徴。

千木・鰹木
千木は、屋根の両側に交差して延びる2本の板木のこと。鰹木は、屋根の上に棟木と直交して並ぶ丸太状の木のこと。古代では皇族や豪族の住居にも用いられていたが、現在では神社建築のみで見られる。(P.141)

ご参拝キーワード

知っておけば感動もひとしお。これぞ宮島！ という絶景に出合える

1 日本三景

瀬戸内海に浮かぶ宮島（嚴島）は、通称「安芸の宮島」として知られる景勝地。松島、天橋立とともに日本三景のひとつに数えられる。

2 平家繁栄
へいけはんえい

日宋貿易を推進した平清盛は、瀬戸内航路の要衝だった嚴島を篤く信仰し壮大な社殿を造営した。荘厳華麗な嚴島神社は、平安時代末期の歴史を彩った平家繁栄の証といえる。

3 満潮・干潮
まんちょう・かんちょう

嚴島神社は潮汐によって大きく表情を変える。満潮時は大鳥居や社殿が海に浮かぶ美しい姿が見られる。ただし、干潮時には岸から大鳥居まで歩いて行けることもある。

4 あなごめし・焼きガキ

参拝後のお楽しみは宮島2大名物。脂がのったあなごめしはふんわりとした食感。店頭で網焼きしているカキは、焼きたてアツアツを！

5 銘菓「もみじ饅頭」

言わずと知れた広島名物の代表格。定番のこし餡のほかクリーム、チョコ、チーズなど種類はいろいろ。もみじ饅頭に衣をつけて揚げた、宮島発祥の揚げもみじも美味！

• 周辺の観光スポット •

賑やかな門前町から、霊峰弥山まで足を延ばしたい

原始林に覆われた宮島の最高峰
弥山
みせん

山岳信仰の霊峰として崇められ、標高約535mの山頂からは絶景が望める。山肌を覆う原始林は天然記念物。
MAP P.66　所廿日市市宮島町
☎0829-44-0316(宮島ロープウエー)
圏見学自由　URL miyajima-ropeway.info

宮島で最も賑やかな商店街
表参道商店街
おもてさんどうしょうてんがい

「清盛通り」とも呼ばれる宮島のメインストリート。みやげ物店や食事処が軒を連ね、歩くだけでも楽しい。
MAP P.66
所廿日市市宮島町　☎0829-44-2011(宮島観光協会)　圏店舗により異なる

島内随一の古い歴史を持つ寺
大本山大聖院
だいほんざんだいしょういん

空海が大同元(806)年に開基。豊臣秀吉が朝鮮出兵の時に必勝と海上安全を祈願した波切不動明王像がある。
MAP P.66　所廿日市市宮島町210
☎0829-44-0111　圏8:00~17:00　料無料
URL www.galilei.ne.jp/daisyoin

江戸時代の豪商屋敷を保存
宮島歴史民俗資料館
みやじまれきしみんぞくしりょうかん

宮島の豪商・旧江上家の母屋や土蔵を資料館として公開。宮島の歴史や文化を伝える資料約1000点を展示する。
MAP P.66　所廿日市市宮島町57
☎0829-44-2019　圏9:00~16:30　休月曜(祝日、振替休日の場合は翌日休)　料300円

金刀比羅宮

ことひらぐう【香川県琴平町】

主なご利益：農業殖産 漁業航海

庶民の味方 "こんぴらさん"

❶ 最後の難所、御前四段坂を上ると、ようやく御本殿に到着 ❷ 社殿の天井に描かれた桜樹木地蒔絵は必見 ❸ 御本宮前の高台からは、讃岐富士や瀬戸大橋を望むことができる

　琴平山(象頭山)の中腹、785段の石段を上ったところにある全国のこんぴらさんの総本宮。江戸の昔より「一生に一度は、こんぴらさん」と、お伊勢参りと並ぶ庶民の憧れであった金刀比羅宮。今に伝わる民謡「金毘羅船々」の軽快なリズムは、こんぴら参りを楽しみにしている参拝者たちの心情が表れており、とても楽しい気分にさせられる。また「こんぴら狗」という風習もこんぴらさんの信仰を語るうえで欠かせない。こんぴら参りができない飼い主のため、飼い犬が代参する風習は、心優しい旅人たちの善意のリレーであり、古き良き江戸の風情を今に伝えている。今もアットホームな"こんぴらさん"は若い女性から年配まで性別、年齢を問わず親しまれている。

御祭神
大物主命 おおものぬしのみこと
崇徳天皇 すとくてんのう

MAP P.70
所 琴平町892-1　☎0877-75-2121
開 境内自由(有料施設は8:30〜17:00)
料 無料(一部有料施設あり)　交 JR琴平駅から大門まで徒歩30分　URL www.konpira.or.jp

金刀比羅宮の見どころ
表参道や御本宮だけではない、金刀比羅宮の奥深い魅力を味わう

金刀比羅宮の別の顔に出合える
裏参道
うらさんどう

森林の様相を呈し、多種多様の野鳥、昆虫、樹木、草花に出合える。春には華麗な桜、夏には昆虫、秋には織りなす紅葉、冬は雪景色など、四季折々の風景に触れることができる。

国宝級の文化遺産が見られる
芸術・文化の数々

価値ある美術品が多く残る金刀比羅宮。円山応挙の障壁画とともに、重要文化財指定の「表書院」、伊藤若冲の作品が残る「奥書院」(非公開)をはじめ、高橋由一館、宝物館などがある。

祈願の厳しさを物語る奥社
厳魂神社(奥社)
いづたまじんじゃ（おくしゃ）

海抜421m、表参道からの石段の総合計は1368段。金刀比羅本教の教祖である厳魂彦命が祀られている。社殿横にそびえる断崖は、約400年前、厳魂彦命が参籠した旧跡。

 Words

785段の石段
　御本宮までの石段は全785段。表参道からは片道30分の道のりなので、歩きやすい靴で、数ある見どころを楽しみながら進もう。

金毘羅船々
　大阪〜丸亀間の参詣客を乗せた船を歌った、「追手に帆かけてシュラシュシュシュ」のフレーズでおなじみの民謡。

こんぴら狗
　参拝ができない飼い主の代わりに、こんぴら参りをした犬は「こんぴら狗」と呼ばれ、親しまれた。

厳魂彦命
　厳魂神社の御祭神で、生前は金剛坊宥盛と呼ばれた。国家の安寧を祈り、戦乱で荒廃した金刀比羅宮の復興隆昌に努めた。天狗信仰と密接な関わりがある。

ご参拝キーワード

海の神様、こんぴらさんにまつわる
知っておきたい参拝の知恵袋

1 幸福の黄色いお守り

健康と幸せを祈る肌守り。平安時代から、魔除・災い除とされる鬱金で染めた布でつくられている。金比刀羅宮の分社は全国にあるが、御本宮神札授与所でしか手に入らない。

2 お十日
おとうか

毎年10月9〜11日に斎行される例祭のうち、10日夜の御神幸。総勢約500名の行列が約2kmの道のりを約3時間かけて進む。

3 笑顔元気くん守り&朱印帳

宮司が"純粋無垢"な子どもをイメージして描いた、金刀比羅宮の新しいキャラクター"笑顔元気くん"のお守り。「持っている人が幸せな気持ちになれるように」との想いから誕生した。

4 加美代飴
かみよあめ

石段365段目の大門を抜けると、唯一境内での商売を許可されている5軒の飴屋「五人百姓」がある。名物のべっこう飴を、付属の小槌で割っていただこう。

5 ペットも一緒に参拝できる

一般的に、境内に犬は入れないが、「こんぴら狗」の名残もあり、金刀比羅宮では犬の入山を許可。

周辺の観光スポット

金刀比羅宮周辺には多くの芸術や食、自然がたくさん

おもてなしの文化が息づく
門前町
もんぜんまち

みやげ物店や飲食店が軒を連ねる、金刀比羅宮参道沿いの地区。丸亀うちわや香川の名産品が揃い、散策におすすめ。
MAP P.70
所 琴平町　0877-73-5525（琴平町商工会）
営 休 店舗により異なる

現存する日本最古の芝居小屋
旧金毘羅大芝居（金丸座）
きゅうこんぴらおおしばい（かなまるざ）

天保6（1835）年に建てられ、国の重要文化財に指定。公演時以外は、桟敷席や回り舞台などを見学できる。
MAP P.70　所 琴平町1241　0877-73-3846
営 9:00～17:00　休 無休（催し物開催日は見学不可）　料 500円　URL www.konpirakabuki.jp

四季を体感できる公園
国営讃岐まんのう公園
こくえいさぬきまんのうこうえん

総面積350haの広大な公園。季節の花が楽しめるほか、夏フェスやイルミネーションなどさまざまなイベントを開催。
MAP P.70　所 まんのう町吉野4243-12
0877-79-1700　営 9:30～17:00　休 火曜（祝日の場合は翌日休）　料 410円　URL www.mannoukouen.go.jp

真言宗善通寺派の総本山
総本山善通寺
そうほんざんぜんつうじ

「伽藍」と称される東院、「誕生院」と称される西院の東西2院に分かれた、総面積約4万5000㎡の広大な境内が広がる。
MAP P.70
所 善通寺市善通寺町3-3-1　0877-62-0111
営 7:00～17:00　料 無料　URL www.zentsuji.com

宗像大社

むなかたたいしゃ【福岡県宗像市】

主な ご利益: 交通安全 安産

天照大神の三姉妹を祀る古社

1 平成ノ大造営によって柿葺きの屋根などが新しくなった拝殿 2 安土桃山時代初期の特色を表している本殿は、天正6(1578)年に大宮司・宗像氏貞が再建した 3 神社の表紋「菊の御紋」を掲げた神門をくぐり本殿へ

　皇室の御祖神・天照大神の三姉妹の御子神を祀る日本で最も古い神社のひとつ。三姉妹は宗像三女神と呼ばれ、天照大神の神勅により、国家の守護神として崇敬されている。三女神を祀る神社は全国各地にあり、6200社の総本宮でもある。

　宗像大社は、宗像本土から約60km沖合に浮かぶ沖ノ島の「沖津宮」、同じく約10km沖合の大島に「中津宮」、海岸から少し内陸にある「辺津宮(総社)」の三宮の総称。

　秋季大祭で有名な「みあれ祭」は、大島と辺津宮近くの港、神湊の間を沖津宮と中津宮の御神璽の神輿を乗せた2艘の御座船と宗像七浦の船団が海上神幸する荘厳な神事。平成25(2013)年より始まった平成ノ大造営により、国の重要文化財である辺津宮本殿や拝殿は、新たな息吹が吹き込まれた。

御祭神　田心姫神／湍津姫神 たごりひめのかみ／たぎつひめのかみ　市杵島姫神 いちきしまひめのかみ

辺津宮　MAP P.74
所 宗像市田島2331　☎0940-62-1311
開 6:30〜18:30、ご祈祷9:00〜16:00　料 ご祈祷5000円〜　交 JR東郷駅から西鉄バス・宗像大社経由神湊波止場行きに乗り12分、宗像大社前下車すぐ
URL www.munakata-taisha.or.jp

宗像大社の見どころ
神代の時代から続く信仰の原点と神宮にまつわる神域に触れる

御祭神が最初に降りた神聖な場所
高宮祭場
たかみやさいじょう

樹相豊かな森の中に現れるのが、全国でも数少ない古代祭場である。神を迎え祭りを行なう神籬が置かれた高宮祭場は、宗像三女神が最初に降りたとされる場所で、より神聖な空気に満ちている。

伊勢神宮との深い繋がり
第二宮・第三宮
ていにぐう・ていさんぐう

第二宮に沖津宮の田心姫神を、第三宮に中津宮の湍津姫神を祀る。それぞれの社は、昭和48(1973)年、伊勢神宮の第60回式年遷宮のとき、特別に賜った別宮の古殿を移築再建したものである。

国宝や貴重な文化財が一堂に
神宝館
しんぽうかん

沖ノ島から発見された約8万点の国宝、神社に伝わる神宝を収蔵展示。銅鏡や武具などの品々は、古代の大陸とのつながりや宗像三神への崇敬を物語っている。

 Words

神勅
『古事記』『日本書紀』に記述されている天照大神の勅命。「重要な海路に降り、歴代天皇のまつりごとをお助けすることによって、丁重な祭祀を受けられよ」と示された。

沖津宮
断崖絶壁の孤島・沖ノ島は、島全体が境内地になっている神の島。田心姫神を祀り、普段は神職しか渡ることができない。

中津宮
大島の波止場から西南約300mの丘の上に位置し、湍津姫神を祀る。島民をはじめ全国の漁業や海運業者の深い信仰を集める。

平成ノ大造営
平成25(2013)年から同33年にかけて、辺津宮本殿・拝殿をはじめ、沖津宮や中津宮などを修理・修復。大規模な整備は43年ぶり。

ご参拝キーワード

古の女神の存在を感じたあと、あわせて知りたい宗像の歴史と食

1 交通安全の神様

太古から「道」の神として信仰を集める宗像大社。昭和38（1963）年に誕生した「水引お守り」は日本で最初の車専用のお守り。

2 御神木「肌守」
ごしんぼく はだまもり

社苑の鎮守の杜は大切に守られているが、自然災害などで倒木した御神木は手作りのお守り「杜守」となる。肌身につける「肌守」とし、神聖なるパワーをいただこう。

3 海の正倉院
うみのしょうそういん

沖ノ島は「海の正倉院」と呼ばれ、祭祀遺跡から東西文化の交流を示す鏡、玉類など約8万点が発見され、すべてが国宝に指定された。それらは神宝館で収蔵展示されている。

4 海の道むなかた館

宗像大社に隣接する宗像市郷土文化学習交流館。沖ノ島を体感することができる3D映像の上映や勾玉作りなどの体験もでき、宗像の過去・現在・未来を学ぶことができる。

5 道の駅むなかた

玄界灘の海の幸と宗像の大地の恵みが一堂に会する人気スポット。「おふくろ食堂はまゆう」では鮮度抜群の漁師料理と農家料理が味わえる。

周辺の観光スポット

玄界灘に面した風光明媚なエリアの美しく神秘な寺社

季節の花々が彩る名刹

鎮国寺
ちんこくじ

大同元(806)年、弘法大師が日本で最初に創建。本堂には弘法大師作とされる宗像三女神の本地仏をはじめ5体の本尊を安置。
MAP P.74
所 宗像市吉田966　☎0940-62-0111　営9:00～17:00　料無料　URL www.chinkokuji.or.jp

黒松が見事に続く遊歩道

さつき松原
さつきまつばら

宗像市の神湊から鐘崎まで約5.5km続く約140haの広大な美しい松原。全国白砂青松100選にも選定されている。
MAP P.74　所 宗像市江口～上八
☎0940-62-3811(むなかた観光協会)
営見学自由

境内にはなでると運が湧く石も

筥崎宮
はこざきぐう

日本三大八幡のひとつ。元寇の際に神風が吹き勝ったことから勝運の神としても有名。玉取祭や放生会大祭などで賑わう。
MAP P.74
所 福岡市箱崎1-22-1　☎092-641-7431
営境内自由　URL www.hakozakigu.or.jp

藤棚の下で幸せ気分に

浄光寺
じょうこうじ

京都総本山知恩院の末院の別名は「ふじ寺」。樹齢百数十年のフジの大木があり、枝は境内を埋め尽くす。見ごろは5月初旬。
MAP P.74
所 宗像市江口1330　☎0940-62-3708
営境内自由

鹿島神宮

かしまじんぐう【茨城県鹿嶋市】

主なご利益 武道上達／必勝祈願

長い歴史を誇る常陸国一宮

1 寛永11(1634)年、水戸初代藩主・徳川頼房が奉納した高さ約17mの楼門
2 武甕槌大神が祀られる厳かな本殿
3 奥宮に続く約300mの奥参道

全国の鹿島神社の総本宮。皇紀元(紀元前660)年創建と伝えられ、東国三社のひとつに数えられる。日本建国・武の神である武甕槌大神を祀り、古くから皇室や藤原氏、将軍家の篤い信仰を集めてきた。鮮やかな朱色の楼門は日本三大楼門のひとつ。宝物館では数々の貴重な宝物が展示され、なかでも国宝に指定された日本最古最大の直刀韴霊剣は一見の価値がある。年間90を超える祭儀があり、12年に一度午年に行なわれる御船祭が有名だ。

御祭神 武甕槌大神（たけみかづちのおおかみ）

MAP P.217
所 鹿嶋市宮中2306-1　℡ 0299-82-1209
境内自由(宝物館9:00～16:00)　料 宝物館300円
交 東関東自動車道・潮来ICから車で15分
URL kashimajingu.jp

📍 Words

御船祭
12年に一度斎行され、内海の御船祭としては国内最大規模。鹿島神宮と香取神宮が水上で再会する。

武甕槌大神
経津主大神とともに出雲の国へ向かい、大国主命と交渉して国譲りを成就した。

鹿島神宮の見どころ
深い森に囲まれた境内に荘厳な社殿や神秘の池が点在

対照的な造りの本殿と拝殿
拝殿・本殿
はいでん・ほんでん

元和5(1619)年に徳川秀忠が寄進したもので、石の間、幣殿とともに重要文化財に指定。本殿は三間社流造の建物で、極彩色の装飾が美しい。一方、拝殿(写真)は簡素な白木造となっている。

不思議な伝説を持つ清らかな池
御手洗池
みたらしいけ

鹿島の森を湛えた清水が湧き、干ばつのときでもけっして涸れないと伝えられる池。誰が入っても水面が胸の高さを越えないという謎めいた言い伝えがある。かつては参拝者がここで禊をした。

・ 周辺の観光スポット ・

歴史が息づく史跡のほか、色とりどりのあやめも見どころ

初夏を彩る花の名所
水郷潮来あやめ園
すいごういたこあやめえん

約500種100万株のあやめが咲き誇る。5月下旬〜6月にあやめまつりを開催。
所 潮来市あやめ1-5
☎ 0299-63-1111(潮来市役所)
圏 見学自由

頼朝ゆかりの古刹
長勝寺
ちょうしょうじ

文治元(1185)年、源頼朝が武運長久を願って創建。銅鐘は国の重要文化財。
所 潮来市潮来428
☎ 0299-62-3808 圏 境内自由

東国三社のひとつ
息栖神社
いきすじんじゃ

鹿島神宮、香取神宮とともに東国三社に数えられ、井戸を御神体とする。
所 神栖市息栖2882
☎ 0299-92-2300 圏 境内自由

日光東照宮
にっこうとうしょうぐう【栃木県日光市】

主な
ご利益　家内安全　身体健全

極彩色を施した絢爛たる社殿群

日光東照宮の中門にあたる国宝・陽明門。いつまで見ていても見飽きないところから「日暮の門」とも呼ばれる

　徳川家康を東照大権現として祀る神社。元和3(1617)年、家康の遺言に従って2代将軍秀忠が創建した。現在の社殿群のほとんどは3代将軍家光による「寛永の大造替」で建て替えられたもので、権現造の本社や500以上の彫刻が施された陽明門など、国宝8棟、重要文化財34棟を含む55棟の建造物が点在。建物は漆や極彩色で彩られ、三猿や眠り猫をはじめとする動物の彫刻も特徴的だ。これらは単なる装飾にとどまらず、信仰形態や思想などが反映されている。

 御祭神　徳川家康公
とくがわいえやすこう

MAP P.217
所 日光市山内2301　☎ 0288-54-0560
開 8:00～17:00(11～3月は～16:00)　料 1300円
交 日光宇都宮道路・日光ICから車で3分
URL www.toshogu.jp

Words

東照大権現
　徳川家康を神格化した神。家康の死後、元和3(1617)年に後水尾天皇より「東照大権現」の神号が勅許された。

権現造
　本殿と拝殿の2棟を、石の間または相の間などで連結させた神社建築様式。

日光東照宮の見どころ
江戸期の名工たちが残した緻密な彫刻を見る

さまざまな表情の三猿の彫刻
神厩舎
しんきゅうしゃ

ご神馬をつなぐ厩。昔から猿が馬を守るとされているところから、長押の上には猿の彫刻が8面あり、人間の一生が風刺されている。「見ざる・言わざる・聞かざる」の三猿の彫刻として有名。

穏やかな猫の姿が平和を象徴
眠り猫
ねむりねこ

奥宮入口の門の上に施された猫の彫刻。伝説の名工・左甚五郎作と伝えられ、国宝に指定されている。裏側に彫られた雀を気にせずに眠っていることから、太平の世の象徴ともいわれる。

・ **周辺の観光スポット** ・

山岳信仰の地として知られる日光の雄大な自然を体感する

多数の堂塔が散在
日光山輪王寺
にっこうざんりんのうじ

輪王寺は、日光山中にある寺院群の総称。三仏堂御本尊は現在修復中。
所 日光市山内2300
℡ 0288-54-0531　開 8:00～17:00（11～3月は～16:00）　困 無休
料 900円　URL rinnoji.or.jp

大自然の迫力に圧倒
華厳ノ滝
けごんのたき

高さ97mの断崖を流れ落ちる滝。エレベーターで滝壺付近まで行ける。
所 日光市中宮祠2479-2
℡ 0288-55-0030　開 8:00～17:00（時期により異なる）　困 無休
料 550円

ハイキングに最適
戦場ヶ原
せんじょうがはら

400haに及ぶ広大な湿原。高山植物や野鳥を見ながら散策が楽しめる。
所 日光市中宮祠
℡ 0288-22-1525（日光市観光協会）　開 見学自由

八坂神社

やさかじんじゃ【京都府京都市】

主な ご利益：厄除 疫病退散

古都の夏を彩る祇園祭で知られる

❶ 四条通の東端に位置する朱色の西楼門は祇園のシンボル ❷ 華やかな祇園祭の様子。山鉾巡行や宵山には多数の見物客が訪れる。夜になると提灯の明かりが情緒を醸し出す

　全国の八坂神社の総本社。創祀は諸説あるが平安京遷都以前と考えられ、平安時代には二十二社に列せられて格式を誇った。江戸時代までは「感神院」または「祇園社」と呼ばれていたが、明治の神仏分離令により八坂神社と改称。地元では「祇園さん」「八坂さん」の名で親しまれている。毎年7月に開催される祭礼の祇園祭は日本三大祭りのひとつ。貞観11(869)年に疫病退散の祈願をしたのが起源とされ、1カ月にわたって各種の神事や行事が繰り広げられる。

御祭神：素戔嗚尊／櫛稲田姫命
すさのをのみこと／くしいなだひめのみこと
八柱御子神
やはしらのみこがみ

MAP P.219
所 京都市東山区祇園町北側625　TEL 075-561-6155
開 境内自由　交 京阪・祇園四条駅から徒歩5分
URL www.yasaka-jinja.or.jp

 Words

二十二社
　平安時代に定められた社格の一種。社数は22で、朝廷より特別の待遇を受けた。

素戔嗚尊・櫛稲田姫命
　素戔嗚尊は天照大神の弟。乱暴な性格により高天原から追放されたが、八岐大蛇を退治して櫛稲田姫命を救い、妻とした。

八坂神社の見どころ
壮麗な佇まいの本殿をはじめ、多彩な摂社・末社が鎮座する

独特の建築様式が見られる
本殿
ほんでん

承応3(1654)年、徳川家綱によって再建された本殿は重要文化財。祇園造と呼ばれる珍しい建築様式が特徴的で、もとは別棟だった本殿と拝殿がひとつの入母屋屋根で覆われている。

女性の願いを叶える美の神様
美御前社
うつくしごぜんしゃ

美貌で有名な宗像三女神を祀る。財福、芸能、美の神として知られ、京都の芸舞妓たちも参拝に訪れる。社殿前に湧き出る御神水「美容水」を肌につけると、心身ともに美しくなれるという。

・ 周辺の観光スポット ・

緑豊かな東山を背景に情緒あふれる公園や寺院が並ぶ

風情ある回遊式庭園
円山公園
まるやまこうえん

八坂神社の東に隣接する公園。桜の名所で、「祇園の夜桜」が名高い。
所 京都市東山区円山町473
☎ 075-561-1350　営 見学自由

涼を求めて鴨川沿いへ
鴨川納涼床
かもがわのうりょうゆか

鴨川の河原に床を設け、涼を取りながら食事を楽しむ、京都の夏の風物詩。
所 京都市中京区二条～下京区五条周辺の鴨川沿い
営 料 休 店舗により異なる
URL www.kyoto-yuka.com

天台宗の門跡寺院
青蓮院門跡
しょうれんいんもんぜき

一時仮御所になった格式高い寺院。相阿弥作と伝えられる庭園が美しい。
所 京都市東山区粟田口三条坊町69-1　☎ 075-561-2345
営 9:00～16:30　休 無休
料 500円
URL www.shorenin.com

春日大社

かすがたいしゃ【奈良県奈良市】

主なご利益　交通安全　家内安全

千古の森に朱塗りの社殿が鎮座

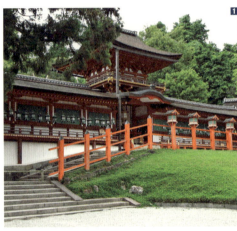

❶ 高さ約10mの中門。左右には鳥が翼を広げたように御廊が延びている
❷ 日本で唯一夫婦の大國様を祀る夫婦大國社。良縁や夫婦円満を願う人が訪れる　❸『万葉集』に詠まれた多彩な植物を植栽する萬葉植物園

　神護景雲2(768)年、平城京の守護と国民の繁栄を願って創建されたのが始まり。約3000にも及ぶ全国の春日神社の総本社。平安時代前期には現在の規模がほぼ整い、以後式年造替によって20年ごとに建物や調度が修繕、新調されてきた。それゆえ社殿は美しい姿を保ち、原始の森の中にすがすがしく鎮座している。宝物殿には国宝や重要文化財を含む3000点以上の宝物が収蔵、展示されている。フジの名所でもあり、境内の随所にさまざまなフジが自生している。

御祭神　武甕槌命 たけみかづちのみこと
　　　　経津主命 ふつぬしのみこと
　　　　天児屋根命 あめのこやねのみこと／比売神 ひめのかみ

MAP P.219
所 奈良市春日野町160　☎0742-22-7788　開6:00～18:00、10～3月6:30～17:00、宝物殿は9:00～16:30（閉館、時期により異なる、平成27年夏頃まで休館中）　料 特別参拝料500円、宝物殿400円　交 近鉄・奈良駅から徒歩25分　URL www.kasugataisha.or.jp

Words

春日神
御祭神4柱の総称。武甕槌命と経津主命はどちらも国譲り交渉で活躍した建国の神で、日本に秩序ある治世をもたらした。また、天児屋根命は天照大神の天岩戸隠れの際に祝詞を唱えた神で、藤原氏の祖神。比売神は天児屋根命の妃とも天照大神ともいわれる。

春日大社の見どころ

美しい回廊の南門から、石燈籠が並ぶ道を歩いて若宮神社へ

整然と並ぶ釣燈籠が壮観
回廊
かいろう

中央を連子窓で仕切った複廊形式の回廊。約1000基の燈籠がずらりと吊るされ、朱塗りの柱とともに雅びやかな光景を見せる。年2回の万燈籠で燈籠に明かりが灯ると幻想的な雰囲気に。

奈良屈指の盛大な祭りを開催
若宮神社
わかみやじんじゃ

春日大社の摂社。本社の御祭神である天児屋根命の御子神・天押雲根命(あめのおしくもねのみこと)を祀ることから若宮と呼ばれる。毎年12月に行なわれる「春日若宮おん祭り」は800年以上の伝統を誇る一大祭礼。

• 周辺の観光スポット •

歴史の香り漂う古都の周辺に、名だたる古刹が点在

奈良の大仏で有名
東大寺
とうだいじ

聖武天皇が建立。広大な寺域に大仏殿や法華堂などの国宝建造物が並ぶ。

所 奈良市雑司町406-1
☎ 0742-22-5511　開 8:00~16:30(季節により異なる)　料 境内無料
URL www.todaiji.or.jp

貴重な寺宝は必見
興福寺
こうふくじ

最盛期には175もの堂塔を誇った大寺院。阿修羅像など国宝も多数。

所 奈良市登大路町48
☎ 0742-22-7755
開 9:00~17:00　料 境内無料
URL www.kohfukuji.com

歴史的景観が広がる
ならまち

情緒ある町家が建ち並ぶエリア。江戸・明治時代の面影を今に伝える。

所 奈良市中院町周辺
☎ 0742-26-8610(奈良町情報館)　開 見学自由
URL www.naramachiinfo.jp

大阪天満宮

おおさかてんまんぐう【大阪府大阪市】

主な ご利益: 学業成就 合格祈願

大阪中心部に鎮座する学問の神様

1 本殿は天保8(1837)年に大塩平八郎の乱で全焼し、6年後に再建された **2** 境内の南にある表門。天井には十二支の彫刻が施された方位盤がある **3** 大阪の夏を盛り上げる天神祭は1000年以上の歴史を誇る

　菅原道真公が大宰府に左遷される際、現在の大阪天満宮境内にあった大将軍社に参拝。道真の死後、この地に金色の霊光を放つ7本の松が生えたことから、道真を祀ったのが大阪天満宮の起源という。幾度もの火災に見舞われながらも、地域の人々の崇敬を集めて復興。現在の本殿は天保14(1843)年に再建された。毎年7月24・25日に行なわれる天神祭は日本三大祭りのひとつで、古式ゆかしい鉾流神事や船渡御、奉納花火などが催され、周辺一帯が熱気に包まれる。

御祭神
菅原道真公 すがわらのみちざねこう
野見宿禰命 のみのすくねのみこと
手力雄命 たぢからおのみこと
猿田彦命 さるたひこのみこと
蛭子命 ひるこのみこと

MAP P.219
所 大阪市北区天神橋2-1-8　℡06-6353-0025
開 9:00～17:00　料 無料　交 JR大阪天満宮駅から徒歩5分　URL www.tenjinsan.com

 Words

鉾流神事
天神祭の幕開けを告げる神事。鉾とともに罪穢を川に流すもので、かつては神鉾が漂着した場所に御旅所が設けられた。

船渡御
御神霊を船に乗せて川を渡る神事。天神祭では100隻余りの船が行き交う。

大阪天満宮の見どころ
天満宮の変遷を物語る史跡が、境内の片隅にひっそり点在

川崎東照宮の灯籠を移築
松平忠明寄進の灯籠
まつだいらただあきらきしんのとうろう

元和3(1617)年銘を持つ境内最古の灯籠。もとは大阪城主松平忠明が川崎東照宮に寄進したもので、川崎東照宮廃社後、この地に移された。全部で3基あり、東西の唐門前と中庭に立つ。

歴史ある大阪天満宮の前身
大将軍社
たいしょうぐんしゃ

大阪天満宮の起源となった神社。かつては鬱蒼とした森の中にあったといわれ、菅原道真公にまつわる不思議な七本松伝承が残る。現在は大阪天満宮の摂社として境内の北西に鎮座している。

・周辺の観光スポット・

歴史から芸能まで大阪のあらゆる魅力を満喫できる

上方落語唯一の定席
天満天神繁昌亭
てんまてんじんはんじょうてい

戦後60年ぶりに復活した定席。落語を中心に漫才やマジックなども上演。
所 大阪市北区天神橋2-1-34
☎ 06-6352-4874
開 休 料 公演により異なる
URL www.hanjotei.jp

日本一長い商店街
天神橋筋商店街
てんじんばしすじしょうてんがい

南北約2.6kmと直線では日本一の長さを誇る商店街。約800以上の店が並ぶ。
所 大阪市北区天神橋
☎ 06-6352-6164(天神橋筋商店連合会) 営 休 店舗により異なる
URL www.tenjin123.com

大阪のランドマーク
大阪城天守閣
おおさかじょうてんしゅかく

©大阪城天守閣

昭和6(1931)年に再建。内部は歴史資料館で、最上階に展望台がある。
所 大阪市中央区大阪城1-1
☎ 06-6941-3044
開 9:00～16:30(時期により異なる) 休 無休 料 600円
URL www.osakacastle.net

住吉大社

すみよしたいしゃ 【大阪府大阪市】

主な
ご利益
航海安全
五穀豊穣

「すみよっさん」の名で愛される

❶文化7(1810)年に建てられた住吉造の本殿 ❷住吉大社の摂社として鎮座する大海神社 ❸源頼朝の寵愛を受けた丹後局が大石を抱いて出産したと伝わる場所。生まれた子は薩摩藩島津氏の始祖となった

全国に約2300社ある住吉神社の総本社。創祀は1800年前にさかのぼり、神功皇后が新羅遠征から帰還の折、住吉三神を祀ったことに由来すると伝えられる。4棟の本殿は住吉造で、いずれも国宝に指定。第一本宮から第三本宮までは直列、第四本宮と第三本宮は並列に配された独特の建築配置となっている。重要文化財の石舞台や南門、数々の歌碑や句碑なども点在。摂社・末社は20を超え、御田植神事や夏越祓神事といった伝統的神事も数多く継承している。

御祭神
底筒男命／中筒男命／表筒男命
そこつつのおのみこと／なかつつのおのみこと／うわつつのおのみこと
息長足姫命（神功皇后）
おきながたらしひめのみこと（じんぐうこうごう）

MAP P.219
所 大阪市住吉区住吉2-9-89　☎06-6672-0753
開 6:00(10～3月は6:30)～17:00　料 無料
交 南海本線・住吉大社駅から徒歩3分
URL www.sumiyoshitaisha.net

Words

住吉造
神社建築史上最古の特殊な様式。屋根は反りのない切妻造、出入り口は直線型妻入り式で、内部は2室に分かれている。(P.141)

底筒男命・中筒男命・表筒男命
伊邪那岐命が海に入って禊をしたときに生まれた3柱の神で、住吉三神と呼ばれる。

住吉大社の見どころ
住吉大社を象徴する独創的で美しい建造物の数々

朱色の曲線が水面に映える
反橋(太鼓橋)
そりはし(たいこばし)

池の上に架かる高さ4.4m、最急勾配48度の橋。太鼓橋とも呼ばれ、かつてはこの橋付近まで海の波が打ち寄せていたという。石の橋脚は慶長年間に淀殿が奉納したものと伝えられる。

全国でも珍しい四角柱の鳥居
住吉鳥居
すみよしとりい

四角い柱を持つ独特の鳥居。このような四角柱の鳥居は古い様式を伝える珍しいもので、各本殿と拝殿の間に建つ木造朱塗りの鳥居が原型となっている。鳥居に掲げられた額は有栖川宮幟仁親王の筆。

• 周辺の観光スポット •
都会の真ん中に広がる静かな公園や神社は市民憩いの場所

大阪で最も古い公園
住吉公園
すみよしこうえん

明治6(1873)年開設。中央部には住吉大社の参道だった潮掛道が走る。

所 大阪市住之江区浜口東1-1-13
☎ 06-6671-2292(住吉公園管理事務所) 見学自由
URL toshi-kouen.jp

幅広い施設が充実
長居公園
ながいこうえん

65.7haの面積を誇り、多彩なスポーツ施設や植物園、博物館などが揃う。

所 大阪市東住吉区長居公園1-23 ☎ 06-6694-9007(長居パークセンター) 見学自由
URL www.nagai-park.jp

陰陽師ゆかりの神社
安倍晴明神社
あべせいめいじんじゃ

阿倍王子神社の末社で、安倍晴明を祀る。境内には晴明の像や碑が立つ。

所 大阪市阿倍野区阿倍野元町5-16 ☎ 06-6622-2565(阿倍王子神社) 境内自由
URL abeouji.tonosama.jp/abeseimeijinja

宇佐神宮

うさじんぐう【大分県宇佐市】

主なご利益: 家内安全 交通安全

全国で信仰される八幡様の発祥地

❶白壁と朱塗り柱、檜皮葺き屋根を持つ華麗な本殿 ❷西参道にある屋根付きの神橋。かつて呉の国の人が架けたともいわれ、呉橋の名がついた ❸除災難・厄難の神様として有名な若宮神社。国指定重要文化財

　全国に8万社ある八幡宮の総本宮。神亀2(725)年、現在の地に御殿を造立して八幡大神を祀ったのが起源とされる。原生林に覆われた広大な境内には上宮と下宮の2つの神域があり、上宮に鎮座する八幡造りの本殿3棟は国宝に指定されている。周辺には若宮神社や北辰神社といった摂社・末社をはじめ、呉橋、南中楼門、宇佐鳥居、高倉などの建造物が数多く建ち並ぶ。貴重な文化財を展示公開する宝物館も見どころ。桜や古代蓮など季節の花々も美しい。

御祭神
応神天皇（八幡大神）
おうじんてんのう（はちまんおおかみ）
比売大神／神功皇后
ひめおおかみ／じんぐうこうごう

MAP P.221　宇佐市南宇佐2859
0978-37-0001　5:30(10〜3月は6:00)〜21:00、宝物館9:00〜16:00（火曜休）　無料（宝物館300円）　JR宇佐駅から四日市方面行きのバスに乗り10分、宇佐八幡下車すぐ　URL www.usajinguu.com

📍 Words

八幡造
切妻造・平入りの社殿2棟が前後に並ぶ神社建築様式。両殿は相の間で連結され、前後の軒が接する部分に樋が設けてある。(P.141)

八幡大神
応神天皇の神霊で、欽明天皇32(571)年に初めて宇佐の地に現れたという。

宇佐神宮の見どころ
上下両宮に参拝して、神秘的な見どころを巡りたい

民衆の神として親しまれる
下宮
げぐう

上宮から200mほど下った場所にあり、上宮と同じ御神祭を祀る。上宮は国家の神として、下宮は民衆の神として崇敬を集めてきた。片参りにならないよう、両宮に参拝するのが望ましい。

神が降臨した地にある井戸
御霊水
ごれいすい

上宮の裏、菱形池のほとりにある3つの霊水。ここは八幡大神が現れた場所といわれ、奈良時代末期に社僧・神息がこの水を使って鍛えた刀は、社宝「神息の刀」として伝えられている。

● 周辺の観光スポット ●
耶馬渓から国東半島にかけての豊かな自然と文化に触れる

懐かしさ漂う商店街
豊後高田 昭和の町
ぶんごたかだ しょうわのまち

昭和30年代の賑やかな商店街を再現。レトロな商品の販売も行なう。
所 豊後高田市新町
☎ 0978-23-1860（豊後高田市観光まちづくり）
営 店舗により異なる
URL www.showanomachi.com

九州最古の木造建築
富貴寺
ふきじ

平安時代の創建。国宝の富貴寺大堂は現存する九州最古の木造建築物。
所 豊後高田市田染蕗2395
☎ 0978-26-3189
営 8:30〜16:30 休 無休
料 200円

自然が織りなす絶景
本耶馬渓
ほんやばけい

岩峰がそそり立つ景勝地。とくに競秀峰の景観が美しく、紅葉の名所。
所 中津市本耶馬渓町
☎ 0979-23-4511
（中津耶馬渓観光案内所）
営 見学自由

参 拝 時 に 立 ち 寄 り た い

神社グルメ 17 選
Gourmet

歴史ある神社には、御祭神や神社ゆかりの甘味や
縁起の良いメニューがある茶屋やお休み処がある。
ご当地の素材を使った名物や老舗の味を楽しみたい。

太宰府天満宮名物　梅ヶ枝餅

天満宮御用達として神事に梅ケ枝餅を献上する創業350年の老舗。餅粉に国産小豆の自家製餡を包み焼き上げる。

● ここで食べられます

小山田茶店
おやまだちゃてん

所 福岡県太宰府市宰府4-8-17 天満宮本殿裏
☎ 092-922-4175
営 9:00～17:00（冬季は～16:00）
休 無休

太宰府天満宮 ➡ P.121

出雲大社相模分祠名物　むすび大福

もっちりした皮に餡と大粒の栗が入った大福。紅白の6個入りで1360円。10～4月の期間限定・数量限定品。

● ここで購入できます

出雲記念館
いずもきねんかん

所 神奈川県秦野市平沢1221
☎ 0463-84-1122
営 8:30～17:00
休 無休

出雲大社相模分祠 ➡ P.148

くず餅（吉野の本葛） 春日大社名物

昭和58(1983)年創業の春日大社直営の茶店。木立の庭で、名物の万葉粥やきな粉と黒蜜がかかるくず餅で一服。

● ここで食べられます

春日荷茶屋
かすがにないちゃや

所 奈良県奈良市春日野町160　☎0742-27-2718　営10:00〜16:00　休月曜(4・5・10・11月は無休)

春日大社 ➡ P.82

権現からめもち 箱根神社名物

もち米100%のつきたての餅が自家製あん、きな粉、ごま、のり、おろしの5種類の味で楽しめる5色もち500円。

● ここで食べられます

権現からめもち
ごんげんからめもち

所 神奈川県箱根町元箱根80-1　☎0460-83-5122　営9:30〜17:00(冬季は〜16:00)　休不定休

箱根神社 ➡ P.106

すずめの姿焼き 伏見稲荷大社名物

五穀豊穣の象徴である稲を食い荒らすスズメ退治のために生まれた珍味。醤油ダレが香ばしい。冬季限定。

● ここで食べられます

日野家
ひのや

所 京都府京都市伏見区深草開土町1　☎075-641-0347　営10:00〜18:00　休不定休(1月は無休)

伏見稲荷大社 ➡ P.38

スペシャルプレート 金刀比羅宮名物

金刀比羅宮の豊かな自然と調和する美しい空間で、コース料理や資生堂パーラー伝統の一品料理が楽しめる。

● ここで食べられます

神椿
かみつばき

所 香川県琴平町892-1
℡ 0877-73-0202
営 11:30～14:30 17:00～21:00※予約制　休 無休
（ディナーは月曜休）

金刀比羅宮 ➡ P.68

御神酒まんじゅう 鶴岡八幡宮名物

招福と印字されたふかしたての御神酒まんじゅう100円はテイクアウトもできる。甘酒やコーヒー、軽食メニューもある。

● ここで食べられます

御谷休憩所
おやつきゅうけいじょ

所 神奈川県鎌倉市雪ノ下2-1-31
℡ 0467-22-0315
（鶴岡八幡宮）
営 9:00～16:00　休 無休

鶴岡八幡宮 ➡ P.48

きよめ餅 熱田神宮名物

江戸時代、参拝者はお参り前にこの茶屋で身を清めたと伝わり、こし餡を羽二重餅でくるんだきよめ餅が人気。

● ここで食べられます

お休み処 清め茶屋
おやすみどころ きよめぢゃや

所 愛知県名古屋市熱田区神宮1-1-1 熱田神宮内
℡ 052-671-3800
（熱田神宮会館）
営 9:30～16:30　休 無休

熱田神宮 ➡ P.60

静岡産 桜海老うどん　來宮神社名物

桜エビかき揚げ入りうどん（そば）500円をはじめ、メヒカリ唐揚げ300円など熱海や伊豆の特産物が食べられる。

● ここで食べられます

お休み処 宮前店
おやすみどころ みやまえてん

所 静岡県熱海市西山町43-1　☎0557-82-2241（來宮神社）
営 10:00～16:30（LO16:00）　困 無休

來宮神社 ➡ P.148

にうめん　大神神社名物

三輪そうめんの本場で夏は冷やしそうめん、天かすとシメジと三つ葉が入る温かいにうめんは一年中味わえる。

● ここで食べられます

そうめん處 森正
そうめんどころ もりしょう

所 奈良県桜井市三輪535　☎0744-43-7411
営 9:30～17:00（季節、天候により変動）　困 月曜、不定休

大神神社 ➡ P.130

大福梅　北野天満宮名物

元日の朝、境内で調製した梅を入れた大福茶を飲むと、その年を無病息災で過ごせるという。12月13日から授与される。

● ここで授与を受けられます

北野天満宮
きたのてんまんぐう

➡ P.130

莚寿おこし　多賀大社名物

社務所では延命長寿を祈念して、「柏葉莚字」の神紋紙に包まれた御神饌の「莚寿おこし」が購入できる。

● ここで購入できます

多賀大社 社務所
たがたいしゃ しゃむしょ

所 滋賀県多賀町多賀
☎ 0749-48-1101
営 8:00〜16:30
休 無休

多賀大社 ➡ P.129

特製お神酒ジェラート　赤城神社名物

火防の神、岩筒雄命を御祭神とする赤城神社内のカフェ。参拝の休憩所として気軽に立ち寄ることができる。

● ここで食べられます

赤城神社
あかぎじんじゃ

所 東京都新宿区赤城元町1-10　☎ 03-3235-6067（あかぎカフェ）
営 10:00（土曜11:30）〜22:00、日曜・祝日11:30〜19:00　休 火曜

大山豆腐　大山阿夫利神社名物

元禄年間より受け継がれる豆腐。大山寺へ参拝する人々が宿に大豆を持ち寄り、豆腐を作ったことが始まりといわれる。

● ここで購入できます

東學坊 湧水工房
とうがくぼう ゆうすいこうぼう

所 神奈川県伊勢原市大山438
☎ 0463-93-8184
営 10:00〜18:00
休 水曜

大山阿夫利神社 ➡ P.143

神田神社名物 — 明神甘酒

地下6mの天然の土室より作り出される糀（こうじ）をもとに伝統的な手作り製法の甘酒。合格祈願付き甘酒1080円もある。

● ここで食べられます

天野屋
あまのや

所 東京都千代田区外神田2-18-15
☎ 03-3251-7911
営 10:00〜18:00（祝日は〜17:00）
休 日曜

神田神社 ➡ P.104

秩父神社名物 — 豚肉味噌漬

精肉の老舗で秩父名産の豚肉を使った豚肉味噌漬が人気。味噌だれで和えたとんみそ、チャーシューがおすすめ。

● ここで購入できます

秩父豚肉味噌漬本舗 せかい
ちちぶぶたにくみそづけほんぽ せかい

所 埼玉県秩父市本町4-23
☎ 0494-22-0169
営 8:30〜19:00
休 火曜

秩父神社 ➡ P.100

明治神宮名物 — 呉竹

明治天皇、昭憲皇太后の御製御歌にちなみ命名されたお菓子。黄身餡の上品な味わい。

● ここで購入できます

明治神宮文化館
めいじじんぐうぶんかかん

所 東京都渋谷区代々木神園町1-1 明治神宮内
☎ 03-3379-9222
営 8:30〜閉門時間（月によって変動）
休 無休

明治神宮 ➡ P.44

岩木山神社

いわきやまじんじゃ【青森県弘前市】

主なご利益 開運招福 家内安全

農漁業の守護神、津軽の開拓の神

　青森県の最高峰で津軽富士と呼ばれる標高1625ｍの秀峰、岩木山の南東麓に鎮座。宝亀11(780)年、山頂に社殿が建てられ、東北を平定した坂上田村麻呂が延暦19(800)年に社殿を再建した。以来、「お岩木さま」「お山」として親しまれ、農の神、漁の神、陸奥津軽の開拓の神として崇められている。旧暦8月1日は、五穀豊作の感謝と祈願を込めて山頂に登拝する民俗行事「お山参詣」が催される。

御祭神
- 顕国魂神 うつしくにたまのかみ
- 多都比姫神 たつびひめ
- 宇賀能売神 うかのめのかみ
- 大山祇神 おおやまつみのかみ
- 坂上刈田麿命 さかのうえのかりたまろのみこと

❶岩木山を背にした白い鳥居　❷大造営の際に造られたとされる、ユニークな立ち姿をした狛犬像

MAP P.215
所 弘前市百沢寺沢27　☎0172-83-2135
開 境内自由　交 JR弘前駅から弘南バス・枯木平行きに乗り40分、岩木山神社前下車すぐ

📍 Words

お山参詣
　山麓の集落ごとに、精進潔斎した若者を中心に白装束で御幣や幟を立て、懺悔懺悔、六根懺悔などの唱文とともに山頂まで約6kmを練り歩く例大祭。重要無形民俗文化財。

坂上刈田麿命
　奈良時代の武臣。坂上田村麻呂の父親で陸奥鎮守将軍でもあった。

周辺の観光スポット

眺めの良い有料道路

津軽岩木スカイライン
つがるいわきスカイライン

青森県初の有料自動車道で、8合目まで全長約10kmの区間に69ものつづら折りの連続カーブが続く。

所 弘前市常盤野黒森56-2
☎0172-83-2314　開 8:00〜16:00(17:00より道路閉鎖)　休 11月中旬〜4月上旬、悪天候時
料 普通車1800円　URL www.iwaki-skyline.jp

黄金山神社
こがねやまじんじゃ【宮城県石巻市】

主なご利益　金運／商売繁盛

鉱山の神を祀る日本初の産金地

牡鹿半島沖約1kmに浮かぶ周囲約26kmの孤島の金華山に鎮座する。東大寺の毘盧遮那仏（大仏）建立に際し、金の調達に苦慮していた聖武天皇の御代に、陸奥国で金が発見され、天平勝宝2(750)年、金華山に産金を司る金山毘古神と金山毘売神の2柱を奉祀し創建。中世以降には、守護神として弁財天を祀る、「金華山大金寺」と称して、恐山、出羽三山と並ぶ奥州三大霊場に数えられる。

御祭神
金山毘古神／金山毘売神
かなやまびこのかみ／かなやまびめのかみ
天神八百万神／地神八百万神
あまつかみやおよろずのかみ／くにつかみやおよろずのかみ

 拝殿正面に建つ一対の常夜灯は、日本三大灯籠のひとつと称されている　 東日本大震災にて倒壊したが、平成26(2014)年に寄贈により再建した

MAP P.215
所 石巻市鮎川浜金華山5　℡ 0225-45-2301
開 境内自由　交 鮎川港から船で20分、女川港から船で35分、船着場から徒歩15分
URL kinkasan.jp

Words

金山毘古神
『古事記』では金山毘古神、『日本書紀』では金山彦神と表記される鉱山の神。伊邪那美命が火之迦具土神を生み、やけどで苦しんでいるときに、その嘔吐物から金山毘売神とともに生まれた。

金山毘売神
『古事記』では金山毘売神、『日本書紀』では金山姫神と表記される鉱山の女神。

周辺の観光スポット

自然が残る信仰の島

金華山
きんかさん

島全域が黄金山神社の神域の山で最高地点は445m。島内には神の使いの野生の鹿や猿が生息している。

所 石巻市鮎川浜金華山
℡ 0225-45-2301（黄金山神社）　開 見学自由

二荒山神社
ふたらさんじんじゃ 【栃木県日光市】

主なご利益: 招福 良縁

伊勢神宮に次ぐ広大な神域を有する

標高2486mの男体山(二荒山)を御神体山とし、下野国(しもつけ)の修行僧・勝道上人(しょうどうしょうにん)が、天応2(782)年、男体山の山頂に奥宮を創建。中禅寺湖畔に中宮祠、市内には本社が鎮座し、現在の本殿は東照社創建の2年後の元和5(1619)年に、2代将軍秀忠が造営したもので、日光最古の建造物とされる。招福、縁結びの神社として知られ、東照宮、輪王寺とともに日光の社寺として世界遺産に登録されている。

1 山岳信仰の中心として崇拝されてきた中宮祠
2 神苑に湧く霊水は二荒霊水と名付けられた

御祭神 二荒山大神
ふたらやまのおおかみ

MAP P.217
所 日光市山内2307　℡ 0288-54-0535
開 8:00〜17:00、3〜11月9:00〜16:00
料 神苑200円、小・中学生100円　交 JR東武日光駅から世界遺産めぐり循環バスに乗り13分、大猷院二荒山神社前下車、徒歩すぐ　URL nikko.futarasan.jp

Words

二荒山
男体山の古名が二荒山で、これを音読みして、「日光」と表記されるようになったといわれている。

勝道上人
7歳のときに夢の中に現れた明星天子より、「仏の道を学び、日光山を開け」と告げられ、少年期より山林修行を行ない、数々の伝説を残し、日光開山の祖とされる。

周辺の観光スポット

大正天皇の御静養地
日光田母沢御用邸記念公園
にっこうたもざわごようていきねんこうえん

大正天皇の皇太子時代から静養所として明治32(1899)年に建てられた国内最大級の木造建築物を一般公開。

所 日光市本町8-27　℡ 0288-53-6767
開 9:00〜17:00(11〜3月は〜16:30)
休 火曜(祝日の場合は翌日休、無休期間あり)
料 510円
URL www.park-tochigi.com/tamozawa

氷川神社

ひかわじんじゃ【埼玉県さいたま市】

主なご利益 縁結び 仕事運

関東一円の信仰を集める武蔵一宮

約2400年前、第5代孝昭天皇の時代に創建され、第12代景行天皇の時代には日本武尊が東夷鎮定の祈願をしたと伝わる全国でも屈指の古社。また約1200年前の聖武天皇の時代には、武蔵国一宮に定められ、大いなる宮居として大宮の地名の由来にもなり、関東に点在する約280社の氷川神社の本社でもある。初詣には約200万人が訪れ、12月には十日市・熊手市の名で知られる大湯祭が催される。

1 ケヤキを中心に700本の樹木が並ぶ氷川参道
2 楼門をくぐると、拝殿、舞殿、本殿と続く

御祭神 須佐之男命／稲田姫命
すさのおのみこと／いなだひめのみこと
大己貴命
おおなむちのみこと

MAP P.217
所 さいたま市大宮区高鼻町1-407 048-641-0137
開 5:30〜17:30、5〜8月5:00〜18:00、11〜2月6:00〜17:00 料 無料 交 JR大宮駅から徒歩15分
URL musashiichinomiya-hikawa.or.jp

Words

氷川神社
8世紀に出雲族が須佐之男命を奉じてこの地を開拓したと伝えられ、氷川という名称も出雲国の簸川(現在の斐伊川)に由来するとされる。

大湯祭
前斎が11月30日〜12月9日、本祭が12月10日、後斎が12月11日に毎年行なわれ、御神徳の福熊手を求めて大勢の参拝者で賑う。

周辺の観光スポット

体験的に楽しめる

鉄道博物館
てつどうはくぶつかん

実物の車両や模型、シミュレーション、体験展示などで、楽しみながら学習できる鉄道の歴史博物館。

所 さいたま市大宮区大成町3-47
048-651-0088 開 10:00〜18:00
休 火曜(春・夏・冬休みは無休)
料 1000円
URL www.railway-museum.jp

秩父神社
ちちぶじんじゃ【埼玉県秩父市】

主なご利益 学業成就／金運上昇

歴史ある秩父地方の総鎮守

約2100年前の崇神天皇の時代に知知夫彦命が祖神の八意思兼命を祀ったことに始まる古社。三峯神社、寶登山(ほどさん)神社とともに秩父三社の一社に数えられている。現存する社殿は、天正20(1592)年に徳川家康が奉納したもので、名工、左甚五郎の「子育ての虎」「つなぎの龍」などの彫刻が施されている。国の重要無形民俗文化財に指定されている12月3日の例祭「秩父夜祭」は、毎年20万人以上の人で賑わう。

御祭神
八意思兼命／知知夫彦命
やごころおもいかねのみこと／ちちぶひこのみこと
天之御中主神／秩父宮雍仁親王
あめのみなかぬしのかみ／
ちちぶのみややすひとしんのう

1 関東屈指の古社。神門越しに本殿が見える
2 社殿は本殿、幣殿、拝殿をつないだ権現造

MAP P.217
所 秩父市番場町1-3　0494-22-0262
開 6:00～20:00(授与所は8:30～17:00)　料 無料
交 秩父鉄道・秩父駅から徒歩3分
URL www.chichibu-jinja.or.jp

Words

八意思兼命
岩戸に隠れた天照大神を岩戸の外へ出すための知恵を八百万の神に授けたとされる知恵の神。学問の神として信仰されている。

秩父夜祭
提灯で飾られた笠鉾・屋台の曳き回しや花火大会で知られ、京都の祇園祭、飛騨の高山祭とともに日本三大美祭および日本三大曳山祭のひとつに数えられる。

周辺の観光スポット

40万株の芝桜が咲く

羊山公園
ひつじやまこうえん

秩父のシンボル武甲山(こうさん)を望む「芝桜の丘」には、毎年春になると一面に色とりどりの芝桜が咲き壮観。

所 秩父市大宮6360
0494-26-6867(秩父市都市計画課)
開 入園自由　料 無料※芝桜が見ごろの期間は芝桜の丘入園料300円(8:00～17:00)
URL navi.city.chichibu.lg.jp/p_flower/1808

三峯神社
みつみねじんじゃ【埼玉県秩父市】

主なご利益 願望成就 仕事運

日本武尊ゆかりの修験道の霊場

標高1102m奥秩父三峰山の山中に鎮座する。日本武尊が国生みの神を祀り創建したといわれ、修験道の祖・役小角が修行をし、弘法大師空海が観音像を安置したという歴史ある古社。秩父神社、寶登山神社とともに秩父三社の1社。眷属として狼を祀り、神様の霊力を授かったお使いとして、その御神札を1年間拝借し、守護してもらう御眷属信仰が江戸時代より盛んに行なわれている。

御祭神 伊弉諾尊／伊弉册尊
いざなぎのみこと／いざなみのみこと

1 明神型鳥居を3つ組み合わせた三ツ鳥居
2 拝殿前の石段の両脇には2本の御神木がある

MAP P.217
所 秩父市三峰298-1　☎0494-55-0241
開 7:00～17:00　料 無料　交 西武秩父線・西武秩父駅から西武バス・三峯神社行きに乗り、終点下車、徒歩5分　URL www.mitsuminejinja.or.jp

Words

三峰山
妙法ヶ岳(1329m)、白岩山(1921m)、雲取山(2017m)の3山の総称だが、三峯神社がある山頂を三峰山と呼ぶ場合が多く、ハイキングコースとしても人気が高い。

三峯神社 興雲閣
神社境内にある宿坊で、大滝温泉三峯神の湯と名付けられた霊験あらたかな温泉は日帰り入浴もできる。

周辺の観光スポット

落差約50mの荘厳な滝
不動滝
ふどうたき

上段(25m)、中段(15m)、下段(10m)の3段になって岩盤を流れ落ち、江戸時代末期には多くの行者が訪れたという。

所 秩父市栃本
☎0494-55-0707(秩父観光協会大滝支部)
開 見学自由

安房神社

あわじんじゃ【千葉県館山市】

主なご利益　心願成就　必勝祈願

産業の総祖神、房総開拓の神を祀る

神武天皇の命を受け、阿波国を開拓した天富命（あめのとみのみこと）が、阿波忌部氏（いんべ）の一部を率いて、さらなる肥沃な土地を求めて房総半島に上陸し、麻や穀を植え、房総半島南端の布良にある男神山へ天太玉命、女神山へ天乃比理刀咩命を祀ったのが起源。奈良時代の養老元（717）年には、現在の場所に遷座され、天富命と天忍日命を祀る下の宮が造営された。参道には桜並木が続き、桜の名所にもなっている。

御祭神　天太玉命　あめのふとだまのみこと

MAP P.217
所 館山市大神宮589　☎0470-28-0034
時 6:00〜18:00　料 無料　交 JR館山駅からJRバス・神戸経由安房白浜行きに乗り、安房神社前下車すぐ
URL www1.ocn.ne.jp/~awajinja

1 一の鳥居から二の鳥居まで桜並木が続く参道
2 上の宮には天太玉命、下の宮には天富命を祀る

Words

天太玉命
『古事記』では布刀玉命、『日本書紀』では太玉命とされ、忌部氏の祖の一柱とされる。占いの神、神事の神、産業創始の神として信仰されている。天乃比理刀咩命は、天太玉命の后神。

忌部氏
古代朝廷における祭祀を担った氏族で、天太玉命を祖とする。のちの斎部氏。

周辺の観光スポット

季節の花が咲き誇る
白浜フラワーパーク
しらはまフラワーパーク

房総半島最南端に位置し、季節によっては花摘みが楽しめる。熱帯ドームや花観の足湯などの施設もある。

所 南房総市白浜町根本1454-37
☎0470-38-3555　時 8:30〜17:00
休 無休　料 420円
URL flowerpark.awa.jp

香取神宮

かとりじんぐう【千葉県香取市】

| 主な
ご利益 | 必勝祈願
家内安全 |

武道分野からの信仰が篤い古社

創建は神武天皇18(紀元前643)年と伝わる下総国一宮で、鹿島神宮、息栖神社と並ぶ東国三社のひとつに数えられ、全国に約400社ある香取神社の総本社。古くは朝廷から蝦夷に対する平定神として、また藤原氏から氏神として崇敬されるなど、古来より武神として篤く崇敬されてきた。老杉が茂る通称、亀甲山の丘陵上に鎮座し、水戸光圀の手植えと伝わる黄門桜のなど、桜の名所としても知られる。

御祭神 経津主大神
ふつぬしのおおかみ

MAP P.217
所 香取市香取1697　℡ 0478-57-3211
開 境内自由(宝物館は8:30〜16:30)
料 宝物館300円　交 JR佐原駅から車で10分
URL www.katori-jingu.or.jp

1 本殿と同様に元禄13(1700)年に造営された楼門
2 桃山様式の建築を受け継いだ本殿

Words

東国三社
江戸時代、関東以北の人々が伊勢神宮参拝の後に「下三宮参り」と称して三社を巡拝する慣習があった。

経津主大神
日本神話では天孫降臨に先立ち、武甕槌神とともに出雲国に降り、大己貴命を説得して国譲りを成功させた神。武神として武甕槌神とともに朝廷や武家に崇拝されてきた。

周辺の観光スポット

水運で栄えた小江戸
佐原の町並み
さわらのまちなみ

小野川沿いを中心に江戸時代末期以降に建てられた木造町家建築、蔵造りの店舗、洋風建築などが残る。

所 香取市佐原
℡ 0478-54-7766(佐原町並み交流館)
開 見学自由
URL www.sawara-machinami.com

神田神社

かんだじんじゃ【東京都千代田区】

主なご利益 家庭円満/商売繁盛

江戸の総鎮守として崇敬を集める

　天平2(730)年、出雲系の氏族が大己貴命を祖神として祀り創建。延慶2(1309)年には、平将門の霊を供養して相殿神とした。江戸時代には、江戸総鎮守として幕府をはじめ庶民にいたるまで信仰され、現在も神田、日本橋、秋葉原、丸の内、築地魚市場など108カ町会の総氏神となっている。神田祭は江戸三大祭りのひとつとして知られ、境内には絵巻などを展示する資料館も併設。

御祭神 大己貴命／少彦名命
おおなむちのみこと／すくなびこなのみこと
平将門命
たいらのまさかどのみこと

 神田明神とも呼ばれる。随神門は総檜の入母屋造
 鉄骨鉄筋コンクリート造と感じさせない社殿

MAP P.217
所 千代田区外神田2-16-2　℡ 03-3254-0753
開 境内自由、資料館10:00～16:00　休 資料館は月～金曜(祝日の場合は開館)　料 資料館300円
交 JR御茶ノ水駅から徒歩5分
URL www.kandamyoujin.or.jp

📍 Words

神田祭
神輿が華々しく練り歩く盛大な祭りで2年に一度5月中旬に行なわれる。山王祭、深川祭と並び江戸三大祭りのひとつで、京都の祇園祭、大阪の天神祭と並ぶ日本三大祭りのひとつ。

IT情報安全守護
初穂料800円。近くにある秋葉原電気街を氏子に持ち、個人情報漏えい防護のお守りとしても注目されている。

• 周辺の観光スポット •

学校教育発祥の地

湯島聖堂
ゆしませいどう

林羅山(はやしらざん)が建てた孔子廟を5代将軍徳川綱吉が元禄3(1690)年に湯島に移し、のちに昌平坂学問所が開設。

所 文京区湯島1-4-25　℡ 03-3251-4606
開 9:30～17:00 (閉門、時期により異なる)
休 無休　料 大成殿200円(土・日曜、祝日のみ公開)　URL www.seido.or.jp

寒川神社

さむかわじんじゃ【神奈川県寒川町】

主なご利益 八方除／厄除

相模国一之宮の八方除で知られる

雄略天皇(456〜479)の時代に奉幣、また神亀4(727)年社殿建立と伝える記録があり、1500年以上の歴史を有し、朝廷からも名神大社として崇敬された。相模国一之宮として、古くより関八州の守り神とされ、また江戸の裏鬼門に位置し、八方除、方位除の守護神として篤く信仰されてきた。本殿の奥には神嶽山神苑が整備され、池泉回遊式の日本庭園が広がり、茶屋和楽亭や資料館も併設している。

1 新年には「迎春神話ねぶた」が掲げられる神門
2 本殿の裏手には、神嶽山神苑が広がる

御祭神	寒川比古命／寒川比女命

さむかわひこのみこと／さむかわひめのみこと

MAP P.217
所 寒川町宮山3916　☎0467-75-0004
開 人形奉覽殿9:00〜16:00、神嶽山神苑方徳資料館9:00〜16:00(4〜11月)　休 無休(神嶽山神苑方徳資料館は月曜休)　料 無料　交 JR宮山駅から徒歩5分
URL samukawajinjya.jp

Words

寒川大明神
寒川比古命と寒川比女命の2柱の神を祀り、寒川大明神と奉称。八方除の神とされる。祭神については応神天皇、あるいは菊理媛神、素盞嗚尊、稲田姫命などの諸説があるが、大正時代に上記2柱と定められた。

八方除
家相、地相、方位、日柄などからくるすべての悪事災難を取り除く祈願。

周辺の観光スポット

里山文化を体験
茅ヶ崎里山公園
ちがさきさとやまこうえん

谷戸という自然環境が残り、水性生物の観察や里山の自然を体感できる遊具もあり、家族で一日楽しめる。

所 茅ヶ崎市芹沢1030　☎0467-50-6058
開 入園自由、パークセンター8:30〜17:00、谷の家・里の家9:00〜16:00　休 無休　料 無料
URL www.kanagawa-park.or.jp/satoyama

箱根神社
はこねじんしゃ【神奈川県箱根町】

主なご利益 開運厄除 心願成就

関東総鎮守として崇敬される名社

古くは孝昭天皇の時代、聖占上人が神山を神体山として奉祀。その後、孝謙天皇の天平宝字元(757)年、御神託により万巻上人が現在の地に箱根大神を祀り里宮を創建して以来、関東総鎮守箱根権現として尊崇されてきた。社殿は朱塗りの権現造。境内には曽我神社、九頭龍神社新宮、恵比寿社などの摂末社があるほか、箱根九頭龍の森内には九頭龍神社の本宮、駒ヶ岳山頂には箱根元宮が鎮座する。

御祭神 瓊瓊杵尊／木花咲哉姫命
ににぎのみこと／このはなさくやひめのみこと
彦火火出見尊
ひこほほでみのみこと

1 第四鳥居の先は正参道で90段の石段を上る
2 拝殿、幣殿、本殿が一体となった権現造の社殿

MAP P.217
所 箱根町元箱根80-1　☎0460-83-7123
開 神門5:00～18:00（時期により異なる）、宝物殿9:00～16:00　休 無休　料 宝物殿500円　交 箱根登山鉄道・箱根湯本駅から伊豆箱根バス・箱根町行きに乗り、元箱根下車、徒歩10分　URL www.hakonejinja.or.jp

---

Words

万巻上人
奈良時代に京都で生まれた僧で、1万巻にも及ぶ経典を読んだことから万巻と称され、日本全国の霊場を巡行した。

節分祭
毎年2月節分の日には、金太郎伝説に由来する「鬼やらい」を習合した道饗式と芦ノ湖上を水上スキーで逃げ回る鬼に打ち豆をする「湖上鬼追い」が行なわれる。

● 周辺の観光スポット

大パノラマが魅力

箱根駒ヶ岳ロープウェー
はこねこまがたけロープウェー

駒ヶ岳山頂への唯一の交通手段で、箱根園から駒ヶ岳頂上まで、1783mを雄大な景色を眺めながら7分で結ぶ。

所 足柄下郡箱根町元箱根138
☎0460-83-6473　開 9:10～16:50（下り最終）
休 無休（6月中旬～7月上旬に点検期間休業）
料 片道640円、往復1080円
URL www.izuhakone.co.jp/ropeway

戸隠神社

とがくしじんじゃ【長野県長野市】

天の岩戸神話の神々を祀る

主なご利益：五穀豊穣　学業成就

　戸隠連峰の東南麓に奥社、中社、宝光社、九頭龍社、火之御子社の5社が鎮座し、紀元前210年の孝元天皇の時代に奥社が創建されたといわれる古社。神話では天手力男命が投げ飛ばした天の岩戸が戸隠山とされ、岩戸開きの神事に功績のあった神々を祀る。平安時代末は修験道の霊場として知られ、神仏習合の時代には戸隠山顕光寺と称し、比叡山、高野山とともに「三千坊三山」と呼ばれ栄えた。

御祭神
- 天手力男命（あめのたじからおのみこと）
- 九頭龍大神（くずりゅうおおかみ）
- 天八意思兼命（あめのやごころおもいかねのみこと）
- 天表春命（あめのうわはるのみこと）

中社　MAP P.216
所 長野市戸隠3506　TEL 026-254-2001
開 境内自由　交 上信越自動車道・長野ICから車で1時間
URL www.togakushi-jinja.jp

1 随神門から約1kmの参道を歩き奥社・九頭龍社へ
2 天八意思兼命を祀る中社。「龍の天井絵」がある

Words

天岩戸神話
　天岩屋へ籠もった際、天八意思兼命が知恵を出し、天細女命が岩戸の前で舞い、天手力雄命に岩戸を開けさせた。

天手力雄命
　天照大神が隠れた天岩戸をこじ開けた大力の男神。力の神、スポーツの神として信仰されている。

周辺の観光スポット

美しい森を散策

戸隠森林植物園
とがくししんりんしょくぶつえん

戸隠神社奥社の参道近くにあり、森林浴やバードウォッチング、ミズバショウなどの植物観察が楽しめる。

所 長野市戸隠3510-35
TEL 026-254-2200
開 入園自由　休 12月～4月中旬
URL npo-togakushi.org

飛騨一宮水無神社
ひだいちのみやみなしじんじゃ【岐阜県高山市】

主なご利益　開運厄除　交通安全

古来より飛騨人の心のよりどころ

　創建は不詳ながら神代と伝わり、標高1529mの位山(くらいやま)を神体山として古来より朝廷より崇敬され、飛騨国で最も社格が高く飛騨の一宮として篤く祀られている。水無大神は、御歳大神をはじめ17柱の神々の総称で、実りと収穫を司る「作神様」として、飛騨一帯から美濃、信濃、越中など広範にわたり産業を奨励し、民生の安定を進められたとされる。稲喰神馬と呼ばれる黒駒は、飛騨出身の名工、左甚五郎の作と伝わる。

御祭神	水無神 みなしのかみ

1 島崎藤村の父、正樹が宮司として在職していた
2 農作物を食い荒らした伝説が残る稲喰神馬

MAP P.216
所 高山市一之宮町5323　℡ 0577-53-2001
開 境内自由　交 JR飛騨一ノ宮駅から徒歩5分
URL minashijinjya.or.jp

Words

水無
社名の水無は「みなし」と読むが、俗に「すいむ」と読むこともある。水主(みぬし)が「水を成す」の「水成」に転じて、「水無」の字をあてたのではないかとされる一説がある。

飛騨生きびな祭り
地元から推薦された若い未婚女性9人が生きびな様として、女性の幸せなどを願い、神前奉仕と行列を行なう春を告げる神事。

周辺の観光スポット

太古の神秘的な世界
飛騨大鍾乳洞
ひだだいしょうにゅうどう

鍾乳洞としては日本一の標高約900mに位置。古代ロマンにあふれた幻想的な世界が約800m広がる。

所 高山市丹生川町日面1147
℡ 0577-79-2211
開 8:00～17:00、11～3月9:00～16:00
休 無休　料 1000円
URL www.syonyudo.com

三嶋大社

みしまたいしゃ【静岡県三島市】

主なご利益：商売繁盛、仕事運

源頼朝をはじめとする武家崇敬の社

創建は不明だが、1300年以上の歴史を有し、鎌倉時代には伊豆国一宮として位置づけられている。山森農産の守護神・大山祇命と俗に恵比寿様とも称され、福徳の神として商・工・漁業者の篤い崇敬を受ける積羽八重事代主神の2神を三嶋大明神と称して祀る。伊豆に幽閉されていた源頼朝が源氏再興を祈願したことでも知られる。春には参道や神池沿いに大島桜、三島桜など約15種200本の桜が花開く。

1 小豆島から切り出した御影石を使った一の鳥居
2 本殿の高さは23mで出雲大社と並び国内最大級

御祭神
大山祇命　おおやまつみのみこと
積羽八重事代主神　つみはやえことしろぬしのかみ

MAP P.217
所 三島市大宮町2-1-5　℡055-975-0172
営 8:30～17:00、宝物館9:00～16:30　料 宝物館500円
休 無休（宝物館は年3日展示替え休）
交 JR三島駅から徒歩13分
URL www.mishimataisha.or.jp

Words

武家崇敬の社
源頼朝のほか、南北朝時代・室町時代には、足利将軍をはじめとする武将から天下泰平の祈願が寄せられ、戦国時代には後北条氏の守護の社として崇敬を受けた。

福太郎茶屋
境内にある茶屋で、古い伝統を持つ「お田打ち神事」に登場する「福太郎」をモチーフにした草餅が食べられる。

● 周辺の観光スポット ●

森に囲まれた公園
楽寿園
らくじゅえん

国の「天然記念物及び名勝」に指定された庭園には、楽寿館がある。写真は満水時（平成23年）の小浜池。

所 三島市一番町19-3　℡055-975-2570
営 9:00～17:00（閉園、時期により異なる）
休 月曜（祝日の場合は翌日休、GW・盆時期は無休）　料 300円　URL www.city.mishima.shizuoka.jp/rakujyu

小國神社

おくにじんじゃ【静岡県森町】

主なご利益 開運福徳 良縁成就

遠江国一宮として遠州第一の神社
とおとうみのくに

　神代の創祀と伝えられ欽明天皇の御代16(555)年、本宮山に御神霊が鎮斎、のちに都より勅使が遣わされ現在の地に社殿を造営し、正一位の神階を授けられたという。約30万坪の広大な神域一帯には、神代杉が鬱蒼と茂り、「古代の森」の名にふさわしい荘厳な雰囲気。また花の名所としても知られ、春の千本桜、初夏の花菖蒲、秋の紅葉、そして冬には山茶花や梅などの四季折々の花や木々に彩られる。

御祭神 大己貴命
おおなむちのみこと

■1 願いが叶うと池に鯉を放ったとされる事待池
■2 明治19(1886)年に再建された大社造の本殿

MAP P.216
所 森町一宮3956-1　TEL 0538-89-7302
料 境内自由　一宮花しょうぶ園300円　休 無休
交 新東名高速道路・遠州森町スマートICから車で7分
URL www.okunijinja.or.jp

Words

大己貴命
「因幡の白兎」で知られる大国主命の別称で、一般には「大国様」と呼ばれ、天下泰平、国造りの守護神として仰がれている。

一宮花しょうぶ園
門前にあり、境内に咲いていた野生の花菖蒲を集めたことが始まり。5月下旬〜6月下旬にかけて約130種40万本が咲き競い、園内では花菖蒲の株分け販売もしている。

周辺の観光スポット

悲話が残る城跡

二俣城址
ふたまたじょうし

今川氏の築城で、武田・徳川軍の攻防の舞台となり、徳川家康の長男・信康が自刃したことでも有名。

所 浜松市天竜区二俣町二俣
TEL 053-922-0033(浜松市天竜区役所まちづくり推進課)　料 入園自由

猿田彦神社
さるたひこじんじゃ【三重県伊勢市】

主なご利益　方位除　開運

内宮近くの「みちひらき」の神

　天孫降臨の際に、猿田彦大神は高千穂に瓊瓊杵尊を案内したのち、天宇受売命（あめのうずめのみこと）とともに伊勢の地から全国へと開拓を進めた啓行（みちひらき）の神として知られ、交通安全・方位除の神社として信仰されている。境内には、天宇受売命を奉祀する佐瑠女（さるめ）神社が建ち、芸能の神として信仰されている。また猿田彦大神の子孫である太田命は天照大神を祀る地として倭姫命に五十鈴川川上の地を献上した。

御祭神
猿田彦大神　さるたひこのおおかみ
太田命　おおたのみこと

1 伊勢神宮内宮へと続く宇治浦田交差点に鎮座
2 猿田彦大神の妻、天宇受売命を祀る佐瑠女神社

MAP P.219
所 伊勢市宇治浦田2-1-10　☎0596-22-2554
開 境内自由　交 近鉄・伊勢市駅から三重交通バス・内宮前行きに乗り、猿田彦神社前下車すぐ
URL www.sarutahikojinja.or.jp

🅟 Words

天孫降臨
　天照大神の孫の瓊瓊杵尊が、地上を治めるため、三種の神器をたずさえ、天児屋命（あめのこやねのみこと）などの神々を連れ高天原から降臨したこと。

天宇受売命
　天照大神が天の岩戸に籠ったとき、神楽で天照大神をおびき出したことから、佐瑠女神社は芸能の神様とされる。天孫降臨の際、その功績から媛女君という称号を受けた。

• 周辺の観光スポット •

名勝二見浦に隣接

二見シーパラダイス
ふたみシーパラダイス

アザラシやセイウチなどの海獣や魚類が数多く飼育展示され、記念撮影などができるショータイムが人気。

所 伊勢市二見町江580　☎0596-42-1760
開 9:00～17:00（閉館、時期により異なる）
休 無休（12月は2日間臨時休あり）　料 1400円
URL www.futami-seaparadise.com

111

日吉大社
ひよしたいしゃ【滋賀県大津市】

主なご利益: 厄除　家内安全

表鬼門に鎮座する方位除・厄除の大社

比叡山の麓に鎮座し、崇神天皇7(紀元前91)年に創祀され、全国約3800社の日吉、日枝、山王神社の総本宮。平安京遷都の際には、都の表鬼門(北東)にあたることから、魔除・災難除を祈る社とされてきた。東西本宮の本殿や拝殿をはじめ、国宝や重要文化財の宝庫で、比叡山焼討ち後、天正14(1586)年に再建された西本宮本殿は日吉造という独特の建築様式。春の桜、秋の紅葉の名所としても知られる。

御祭神: 大己貴神／大山咋神
おおなむちのかみ／おおやまくいのかみ

1 東本宮本殿は文禄4(1595)年に再建された
2 天正14(1586)年に再建された西本宮楼門

MAP P.219
所 大津市坂本5-1-1　☎077-578-0009
開 9:00〜16:30　料 300円　交 京阪・坂本駅から徒歩10分
URL hiyoshitaisha.jp

Words

日吉
古くは「日枝」「比叡」と書き、「ひえ」と呼ばれていたが、平安時代より「え」の文字を縁起の良い「吉」に替えて、「ひよし」とも呼ばれるようになった。

神猿
「まさる」と読む。神の使いとされ、「魔が去る」または「勝る」の意で、厄除、魔除、必勝にご利益があるとされている。

周辺の観光スポット

日本仏教の一大聖地
比叡山延暦寺
ひえいざんえんりゃくじ

延暦7(788)年、天台宗の開祖、最澄が開いた天台宗の総本山。世界文化遺産にも登録されている。

所 大津市坂本本町422
☎077-578-0001　開 8:30(1・2月は9:00)〜16:30、12月9:00〜16:00
料 巡拝券(三塔共通)700円
URL www.hieizan.or.jp

平安神宮
へいあんじんぐう【京都府京都市】

主なご利益: 開運招福　厄除

1200年前の京都を体感

　明治28(1895)年、平安遷都1100年を記念して、平安京に遷都した第50代桓武天皇を御祭神として創建。昭和15(1940)年に、平安京最後の天皇である第121代孝明天皇が祭神に加わった。社殿は平安京の正庁である朝堂院を約8分の5に縮小して復元し、大極殿、蒼龍楼、白虎楼、応天門などは国の重要文化財に指定されている。国の名勝、約1万坪の池泉回遊式庭園の神苑では、四季折々の美しさを見せる。

御祭神: 桓武天皇／孝明天皇
かんむてんのう／こうめいてんのう

1 応天門は平安京朝堂院の應天門を模した楼門
2 丹塗りが鮮やかな入母屋造の大極殿

MAP P.219
所 京都市左京区岡崎西天王町97　℡075-761-0221
開 6:00～18:00(11月1日～2月14日は～17:00、2月15日～3月14日・10月は～17:30)　料 神苑600円
交 JR京都駅から市バス・5系統岩倉操車場前行きに乗り、岡崎公園・美術館・平安神宮前下車すぐ
URL www.heianjingu.or.jp

Words

朝堂院
飛鳥～平安時代の都城における大内裏の正庁で、国政のほか、天皇の即位式や国家の重要な行事が行なわれた。

時代祭
葵祭、祇園祭とともに京都三大祭りに数えられ、明治維新から延暦時代まで8つの時代を当時の装束で練り歩く時代行列は全長約2kmにも及ぶ。

● 周辺の観光スポット ●

紅葉の名所の古刹
南禅寺
なんぜんじ

正応4(1291)年、亀山法皇が大明国師を迎え開創した臨済宗南禅寺派の大本山。三門をはじめ文化財が豊富。

所 京都市左京区南禅寺福地町86
℡075-771-0365　開 8:40～17:00(12～2月は～16:30)　料 方丈庭園500円、三門500円、南禅院300円　URL www.nanzen.net

貴船神社

きふねじんじゃ【京都府京都市】

主な ご利益　縁結び

水の神、縁結びの神として知られる

社伝では反正天皇の時代(406～411年)の創建とされ、全国約450社の貴船神社の総本社。平安京遷都以来、水源を守る神様として皇室からも崇敬を受けてきた。日照りや長雨が続くと、雨乞いや雨止めの神事が行なわれ、現在も農業をはじめ水に関わりのある業種の人々の信仰を集めている。平安時代の女流歌人、和泉式部が参拝し、復縁祈願が成就したことから、縁結びの神様としても信仰されている。

御祭神	高龗神 たかおかみのかみ

1 南参道の87段の石段を上ると本宮へと至る
2 縁結びの神様、磐長姫命(いわながひめのみこと)が祀られている結社(ゆいのやしろ)

MAP P.219
所 京都市左京区鞍馬貴船町180　📞075-741-2016
開 6:00～20:00(1月4日～4月30日、12月1～30日は～18:00、12月31日は22:00～終夜参拝可)　料 無料
交 叡山電鉄鞍馬線・貴船口駅から京都バス33系統・貴船行きに乗り、終点下車徒歩5分
URL kifunejinja.jp

Words

大祓式
日常生活で身についてしまった罪穢れを祓い去るために、6月30日と12月31日に行なわれる。半年間の罪穢れを人形に移して川に流し、水の霊力によって祓う神代からの神事。

御神水
本宮の社殿前の石垣からあふれ出る御神水は飲用可能。湧き出づる御神水を使用した「きふねご神水せっけん」も販売している。

周辺の観光スポット

牛若丸ゆかりの古刹

鞍馬寺
くらまでら

奈良時代末期に鑑真和上の高弟、鑑禎上人が毘沙門天を祀り開山。霊宝殿には国宝の毘沙門天像を安置。

所 京都市左京区鞍馬本町1074
📞075-741-2003　開 9:00～16:30
料 愛山費300円、霊宝殿200円

今宮戎神社

いまみやえびすじんじゃ【大阪府大阪市】

主なご利益 商売繁盛／福徳円満

商売繁盛の神様「えべっさん」

　創建は推古天皇の時代(593～628年)で、聖徳太子が四天王寺を建立した際に、西方の鎮護として祀ったのが始まりと伝えられている。かつてこの一帯は今宮浜と呼ばれた海岸沿いで、漁民の守護神として信仰されてきた。祭神5柱のうち、とくに事代主命がえびす様として信仰を集め、大阪の商売の神様として親しまれ、1月9～11日に行なわれる「十日戎」には、約100万人の参詣者が訪れる。

御祭神
- 天照坐皇大神（あまてらしますすめおおみかみ）
- 事代主命（ことしろぬしのみこと）
- 素盞嗚尊／月読命（すさのおのみこと／つくよみのみこと）
- 稚日女命（わかひるめのみこと）

MAP P.219
所 大阪市浪速区恵美須西1-6-10　☎06-6643-0150
開 9:00～17:00　料 無料　交 南海・今宮戎駅からすぐ
URL www.imamiya-ebisu.jp

1 本殿は戦災で焼失し、昭和31(1956)年に再建

2 十日戎では、一般公募の福娘が奉仕をする

Words

事代主命
　大国主命の子。国譲り神話では釣り好きとされ、海の神、五穀豊穣・商売繁盛の神としても信仰されている。

十日戎
　境内には「商売繁盛で笹もってこい」のお囃子が響きわたり、拝殿では福娘から福笹を授かり、御札や「吉兆」と呼ばれる小宝を求める参拝者で活気があふれる。

周辺の観光スポット

創建当時のまま再建
四天王寺
してんのうじ

推古天皇元(593)年に聖徳太子が、「すべての人々を救済する」と誓願して建立した日本仏法最初の官寺。

所 大阪市天王寺区四天王寺1-11-18
☎06-6771-0066　開 8:30～16:30(10～3月は～16:00)　料 伽藍300円、本坊庭園300円、宝物館500円　URL www.shitennoji.or.jp

伊弉諾神宮
いざなぎじんぐう【兵庫県淡路市】

国生み神話の2神を祀る古社

主な
ご利益

夫婦円満
安産

　国生み神話の伊弉諾大神と伊弉冉大神の2柱を祀る。国生みを終えた伊弉諾大神が天照大神に国家統治の権限を委ね、この地に「幽宮（かくりのみや）」を構え余生を過ごしたと伝えられ、淡路国一宮として古代から全国の崇敬を集めている。境内には2神が宿るという樹齢900年を数える夫婦大楠（くす）があり、夫婦円満や安産のご利益があるといわれ、また御柱回合之儀は日本最古の神前結婚式として知られている。

御祭神 伊弉諾大神／伊弉冉大神
いざなぎのおおかみ／いざなみのおおかみ

MAP P.219
所 淡路市多賀740　☎0799-80-5001　開 境内自由
交 JR三ノ宮駅から神姫バス・五色バスセンター行き／高田屋嘉兵衛公園行きに乗り1時間、郡家で淡路交通・志筑行きバスに乗り換えて4分、伊弉諾神宮前下車すぐ

 鳥居は阪神・淡路大震災で倒壊し、再建された
 明治9(1876)年、明治の大造営で再建された本殿

📍 Words

御柱回合之儀
『古事記』に記載されている国生み神話に則った古式ゆかしい結婚式を復活させ、新郎新婦は「天の御柱」を回り愛を誓い合う。

幽宮
『日本書紀』の神代巻に「是以構幽宮於淡路之洲」とあり、淡路島のこの地を終焉の地として、その住居の跡（現本殿の位置）に神陵を築いて祀られた。

● 周辺の観光スポット ●

海を望む花畑
あわじ花さじき
あわじはなさじき

北淡路丘陵地にあり、四季折々の花が咲き、大阪湾や明石海峡を望む。地元農産物などの販売所も併設。

所 淡路市楠本2865-4　☎0799-74-6426
開 9:00～17:00（入園は～16:30）
困 無休　料 無料
URL www.hyogo-park.or.jp/hanasajiki

吉備津神社

きびつじんじゃ【岡山県岡山市】

主なご利益：五穀豊穣　健康長寿

桃太郎伝説ゆかりの大社

崇神天皇10（紀元前88）年に山陽道を討伐する将軍として選ばれた皇族、吉備津彦命を主神とし、その異母弟の若日子建吉備津日子命とその子吉備武彦命など、一族の神々を合祀する山陽道屈指の大社。吉備津彦命が矢を置いたとされる矢置石や温羅（鬼）の首が埋められたと伝わる御竈殿など、吉備津彦命と温羅にまつわる伝説が残る。本殿と拝殿は応永32（1425）年に再建され国宝に指定されている。

| 御祭神 | 大吉備津彦命（吉備津彦命）
おおきびつひこのみこと
（きびつひこのみこと） |

■1 北の参道に位置する北随神門。室町中期に再建
■2 室町時代に再建された本殿。全国唯一の様式から「吉備津造」とも呼ばれる

MAP P.218
所 岡山市北区吉備津931　☎086-287-4111
営 5:00～18:00　料 無料　交 JR吉備津駅から徒歩10分　URL www.kibitujinja.com

📍 Words

吉備津彦命
　第7代孝霊天皇の第三皇子で、弟の若日子建吉備津彦命と吉備を平定。桃太郎伝説のモデルとなった。その子孫が吉備の国造（くにのみやつこ）となり、古代豪族・吉備臣になったとされる。

温羅
　伝承によると、奥出雲地域より飛来して岡山県南部の吉備地方に至り、鬼ノ城を拠点として一帯を支配したという古代の鬼。

周辺の観光スポット

27mの大鳥居が目印

最上稲荷（最上稲荷山 妙教寺）
さいじょういなり（さいじょういなりさん みょうきょうじ）

天平勝宝4（752）年、報恩大師の創建と伝わる。本尊は最上位経王大菩薩で、仏教の流れを汲む貴重な稲荷。

所 岡山市北区高松稲荷712
☎086-287-3700
営 境内自由（窓口5:30～19:00）　料 無料
URL www.inari.ne.jp

美保神社

みほじんじゃ【島根県松江市】

主な ご利益：海上安全　大漁満足

事代主神（えびす様）の総本宮

　漁業、海運、商売の神、事代主神と義母神の三穂津姫命を祀る。創建年代は不明だが、境内からは古墳時代の勾玉の破片や雨乞いの儀式などで使用されたと推測される土馬が出土。本殿は二殿連棟の特殊な形式で美保造または比翼大社造といわれ、文化10(1813)年の造営。古くは吉川広家が征韓戦捷（きっかわひろいえ／せんしょう）の奉賽として造営したとも伝わる。4月7日の青柴垣神事と12月3日の諸手船神事が代表的だ。

御祭神　事代主神／三穂津姫命
ことしろぬしのかみ／みほつひめのみこと

MAP P.218
所 松江市美保関町美保関608　℡0852-73-0506
開 境内自由　交 JR境港駅から美保関コミュニティバス・宇井渡船場行きに乗り、終点で美保関コミュニティバス・美保関行きに乗り換え、終点下車すぐ
URL www.mihojinja.or.jp

1 美保関周辺に自生していた松を使用した本殿（写真奥）と、建築学者・伊東忠太により造営された拝殿（写真手前）　2 諸手船神事の様子

Words

三穂津姫命
　高天原から稲穂を持って地上へ降臨し、事代主神の父神、大国主神の后神となり、五穀豊穣、家内安全、子授安産、子孫繁栄、歌舞音曲の神様として崇敬を集めている。

本殿
　向かって右側の左殿（大御前）に三穂津姫命を、向かって左側の右殿（二御前）に事代主神を祀っている。

周辺の観光スポット

山陰最古の石造灯台
美保関灯台
みほのせきとうだい

フランス人技師による設計で、明治31(1898)年建造。事代主神が釣りをしたという地御前島や沖御前島を望む。

所 松江市美保関町美保関1338-10
℡0852-73-0211（美保関灯台ビュッフェ）
開 外観見学自由（年に2日間、7月と11月に灯台内見学あり）

松陰神社
しょういんじんじゃ 【山口県萩市】

吉田松陰を祀る学問の神様

主な
ご利益
学業成就
家内安全

　幕末の思想家、吉田松陰を祭神とし、明治23(1890)年、松下村塾の西側に松陰の実兄杉民治らが、御霊を祀る土蔵造の小祠を建てたのが始まり。明治40(1907)年、松下村塾出身の伊藤博文や野村靖が中心となって神社創建を請願して県社に列格した。現在の社殿は昭和30(1955)年のもので、境内には松下村塾が現存し、松陰幽囚ノ旧宅、吉田松陰歴史館、宝物殿の至誠館、末社の松門神社などがある。

 創建当時の旧社殿は末社松門神社になっている
 国指定の史跡、吉田松陰幽囚ノ旧宅

御祭神	吉田矩方命 よしだのりかたのみこと

MAP P.221
所 萩市椿東1537　☎0838-22-4643　開 境内自由、吉田松陰歴史館9:00～17:00(松陰神社宝物殿至誠館は～16:30)　料 吉田松陰歴史館、松陰神社宝物殿至誠館ともに500円　交 JR東萩駅から徒歩15分
URL www.shoin-jinja.jp

Words

松下村塾
　天保13(1842)年に松陰の叔父、玉木文之進が開いた私塾で、安政4(1857)年、28歳の松陰がこれを継ぎ、身分や職業などは関係なく塾生として受け入れ、高杉晋作、伊藤博文、木戸孝允、山縣有朋など維新志士を輩出した。

松門神社
　昭和31(1956)年の創建。高杉晋作や伊藤博文など松陰の塾生、門下生52柱が祭神。

周辺の観光スポット

毛利36万石の主城跡
萩城跡指月公園
はぎじょうあとしづきこうえん

　慶長9(1604)年、毛利輝元が築城した萩城跡で指月城とも呼ばれていた。桜の名所としても知られている。

所 萩市堀内二区城内1-1
☎0838-25-1826
開 8:00～18:30(時期により異なる)
休 無休　料 210円

香椎宮
かしいぐう【福岡県福岡市】

主なご利益 開運厄除 安産育児

本殿は日本唯一の建築様式

　熊襲征伐のため筑紫に赴いた仲哀天皇、神功皇后だが、仲哀天皇9(200)年の天皇崩御に際して、神功皇后が御神託により、海を渡り新羅を平定し凱旋後、祠を建てて天皇の神霊を祀ったのが起源。「香椎」の名は敷地内に香ばしい香りの「棺懸の椎(かんかけのしい)」が立っていたことに由来し、本殿は香椎造と呼ばれる日本唯一の建築で国の重要文化財に指定。周辺には名水百選の「不老水」が湧く。

御祭神 仲哀天皇／神功皇后
ちゅうあいてんのう／じんぐうこうごう

1 社殿は享和元(1801)年に黒田長順により再建
2 宮名の由来となったとされる香ばしい棺懸の椎

MAP P.220
所 福岡市東区香椎4-16-1　℡ 092-681-1001
開 境内自由　交 JR香椎神宮駅から徒歩3分
URL www.kashiigu.com

Words

神功皇后
　夫の仲哀天皇が急死後、住吉大神の御神託により、お腹に応神天皇を宿しながらも、男装して武内宿禰とともに新羅に遠征したと伝わる三韓征伐の中心的人物。

不老水
　疫病を祓い、不老長寿の霊力を授かるとされ、300歳まで長生きし、天皇5代に仕えたと伝わる武内宿禰が掘った霊泉。

周辺の観光スポット

海のおもしろ科学館
マリンワールド海の中道
マリンワールドうみのなかみち

約450種・約3万点の海洋生物を展示し、世界最大級のパノラマ大水槽やイルカやアシカのショーが人気。

所 福岡市東区西戸崎18-28
℡ 092-603-0400　開 9:30～17:30(季節により異なる)　休 無休(2月は第1月曜までの翌日休)　料 2160円　URL www.marine-world.co.jp

太宰府天満宮

だざいふてんまんぐう【福岡県太宰府市】

主なご利益 学業成就 厄除

菅原道真公の廟所の上に建つ「天神様」の神

　右大臣であった菅原道真公は昌泰4(901)年、無実ながら政略により、京都から大宰府に左遷され、延喜3(903)年に薨去。延喜5(905)年、祀廟が建てられ、延喜19(919)年には勅命により社殿が造営され、太宰府天満宮の創祀とされる。その後、道真公の無実が証明され、「天満大自在天神」という神様の御位を贈られた。学業、知恵の神様として崇められ、年間約700万人の参拝者が訪れる。

1 天正19(1591)年再建の御本殿。風格ある流破風造
2 太鼓橋、平橋、太鼓橋の3橋が架かる心字池

御祭神 菅原道真公
すがわらのみちざねこう

MAP P.220
所 太宰府市宰府4-7-1　☎092-922-8225
開 6:30～19:00(時期により異なる)　料 無料
交 西鉄・太宰府駅から徒歩5分
URL www.dazaifutenmangu.or.jp

Words

天神様
　現在は学問の神様とされているが、道真公の死後、平安京で天変が相次ぎ、落雷で大納言の藤原清貫が亡くなったことから、道真公は雷の神、天神=火雷天神とみなされた。

鬼すべ神事
　災難消除や開運招福を願う勇壮な火祭りで、寛和2(986)年、道真公の曾孫、菅原輔正によって始められたと伝わる。

周辺の観光スポット

つがいの干支絵馬で有名

宝満宮竈門神社
ほうまんぐうかまどじんじゃ

神武天皇の母、玉依姫命を主祭神とする縁結び、方除、厄除の神様として、広く崇敬を集めている。

所 太宰府市内山883
☎092-922-4106
開 境内自由　URL kamadojinja.or.jp

阿蘇神社

あそじんじゃ【熊本県阿蘇市】

主な
ご利益: 生活守護 五穀豊穣

阿蘇大明神をはじめ12神を祀る古社

　孝霊天皇9(紀元前282)年、初代阿蘇国造となった速瓶玉命が、両親である健磐龍命と阿蘇都比咩命を祀ったのが始まりと伝えられ、一族の神12柱が祀られている。楼門や神殿など社殿6棟が国の重要文化財に指定され、境内には願い事を叶えてくれる「願かけの石」や縁結びにご利益がある「高砂の松」などがある。3月の申の日には神々の結婚式といわれる火振り神事が行なわれる。

| 御祭神 | 阿蘇十二明神 あそじゅうにみょうじん |

■1 嘉永3(1850)年に落成した高さ18mの楼門
■2 天保11(1840)年再建の一の神殿

MAP P.221
所 阿蘇市一の宮町宮地3083-1　☎0967-22-0064
時 6:00〜18:00、御札所9:00〜17:00　料 無料
交 JR宮地駅から徒歩15分

Words

阿蘇大明神
九州の平定のため神武天皇が遣わした孫の健磐龍命は、阿蘇神社の主神で阿蘇開発の神とされ、阿蘇大明神ともいわれている。

火振り神事
五穀豊穣を祈る田作り祭。農業神が姫神をめとる「御前迎え」の儀式で、樫の枝葉で包まれた姫神の御神体が到着すると、茅で作った松明に火をつけて振り回して祝う。

周辺の観光スポット

冬の阿蘇の風物詩
古閑の滝
こがのたき

落差約100mの男滝女滝が2つに分かれる。厳冬期には滝が凍りつき氷の芸術は圧巻。滝の近くから見学できる。

所 阿蘇市一の宮町坂梨
☎0967-22-8181(一の宮インフォメーションセンター)　時 見学自由(1〜2月の土曜18:00〜20:00はライトアップを実施)

高千穂神社

たかちほじんじゃ【宮崎県高千穂町】

主な ご利益：縁結び　夫婦和合

高千穂皇神と十社大明神を祀り、高千穂神楽を奉納

およそ1900年前の垂仁天皇の時代の創建と伝えられる天孫降臨の地、高千穂八十八社の総鎮守。主祭神は日本神話の日向三代とその配偶神の総称である高千穂皇神と、神武天皇の皇兄、三毛入野命とその妻子9柱の総称とされる十社大明神で、武神、農産業、厄払い、縁結びの神として広く信仰を集める。境内には源頼朝の代参・畠山重忠手植えの樹齢約800年の「秩父杉」のほか、「夫婦杉」が残る。

1 本殿と所蔵品の鉄造狛犬一対は国の重要文化財
2 酒こしの舞とも呼ばれる神楽、御神体の舞は毎晩20:00～21:00に行なっている。1名700円

御祭神
高千穂皇神
たかちほすめがみ
十社大明神
じっしゃだいみょうじん

MAP P.221
所 高千穂町三田井1037　☎0982-72-2413
圏 境内自由　交 JR延岡駅から宮崎交通バス・高千穂バスセンター行きに乗り、終点下車、徒歩15分

Words

高千穂八十八社
かつての高千穂郷には、554社もの神社があり、そのなかでも格の高い88の神社を高千穂八十八社と呼んだ。

夫婦杉
拝殿前の西側にある2本の幹がひとつになった杉の木。手をつないでこれを3周すると、夫婦円満、家内安全、子孫繁栄のご利益があると伝わる。

周辺の観光スポット

名勝・天然記念物の渓谷

高千穂峡
たかちほきょう

阿蘇山火砕流の浸食による奇岩や柱状節理の断崖が約7kmにわたって続く名勝。貸しボートでの観光もできる。

所 高千穂町三田井御塩井
☎0982-73-1212（高千穂町企画観光課）
圏 見学自由

霧島神宮

きりしまじんぐう【鹿児島県霧島市】

主なご利益　家内安全　事業繁栄

天孫降臨神話の瓊瓊杵尊を祀る

　欽明天皇の時代、僧侶慶胤が高千穂峰と火常峰の間に社殿を創建したが、霧島山の噴火による焼失などで、約500年前に現在の場所に移された。現在の社殿は正徳5(1715)年に、21代薩摩藩主・島津吉貴が寄進。朱塗りで入母屋造の社殿や拝殿は国の重要文化財。年間100以上の祭儀が行なわれ、元日と2月11日に本殿で奉納される九面太鼓は、勇壮な郷土芸能として注目を集めている。

御祭神　天饌石国饌石天津日高彦火瓊瓊杵尊
あめにぎしくににぎしあまつひこひこほのににぎのみこと

MAP P.214
所 霧島市霧島田口2608-5　℡0995-57-0001
時 境内自由　交 JR霧島神宮駅からいわさきバス・霧島いわさきホテル行きに乗り、霧島神宮前下車すぐ
URL www.kirishimajingu.or.jp

1 華麗な社殿などから、西の日光とも呼ばれる
2 岐阜県揖斐郡春日村から奉納された「さざれ石」

Words

霧島山
宮崎県と鹿児島県県境付近に広がる火山群の総称で、『古事記』や『日本書紀』では、天孫瓊瓊杵尊が霊峰高千穂峰(1574m)に降り立ったとされている。

九面太鼓
伎楽面や猿田彦面など9つの面を付けて高天原から降り立った神々に扮し、力強い太鼓とともに天孫降臨神話を再現する。

周辺の観光スポット

民芸品にふれる

霧島民芸村
きりしまみんげいむら

霧島神宮大鳥居そばにあり、屋久杉資料館や陶芸体験ができる工房、レトロな喫茶店や食事処などがある。

所 霧島市霧島田口2458　℡0995-57-3153
時 8:30～17:30 (陶芸体験は～16:00)
休 無休 (陶芸体験は臨時休あり)
URL www.kirishima-mingeimura.com

波上宮

なみのうえぐう 【沖縄県那覇市】

主な ご利益: 国家鎮護 航海安全

サンゴ礁の断崖に建つ沖縄の総鎮守

　創始年は不詳であるが、伝説によると、崎山の里主が、豊漁をもたらす光を放つ霊石を拾い、熊野権現の御神託により、琉球王朝に奏上して、この地に社殿が造営されたという。よって熊野三所権現を祀り、以来、豊漁、豊穣、海上交通の安全などの信仰を集め、「なんみんさん」の名で親しまれ、正月や節分、5月17日の例大祭は多くの参拝者で賑わう。琉球八社のひとつに数えられる。

1 海を見下ろす隆起サンゴ礁の断崖に建つ
2 本殿や拝殿は平成5(1993)年に造営(再建)された

御祭神	伊奘冉尊 いざなみのみこと
	速玉男尊 はやたまのおのみこと
	事解男尊 ことさかのおのみこと

MAP P.215
所 那覇市若狭1-25-11　☎098-868-3697
開 境内自由　交 ゆいレール・旭橋駅から徒歩15分

Words

なんみんさん
沖縄の方言で、「波上」を「なんみん」ということから、「なんみんさん」とも呼ばれている。

琉球八社
明治以前に琉球国府から特別の扱いを受けた8つの官社で、波上宮、沖宮、識名宮、普天満宮、末吉宮、安里八幡宮、天久宮、金武宮をいう。

周辺の観光スポット

琉球王国の象徴
首里城公園
しゅりじょうこうえん

首里城正殿をはじめ多くの史跡が点在し、沖縄美ら海水族館や海洋文化館ほか、人気スポットが集まる。

所 那覇市首里金城町1-2
☎098-886-2020(首里城公園管理センター)
開 8:30～18:30(閉館19:00、時期により異なる)
休 無休(7月は第1水曜とその翌日休)
料 820円　URL oki-park.jp/shurijo/

北海道神宮 【北海道札幌市】
ほっかいどうじんぐう

北海道開拓の守護神である開拓3神を祀るため、明治初期に創建された札幌神社が始まり。昭和39(1964)年に明治天皇が増祀され、北海道神宮と改称された。春は梅と桜が同時に咲き、境内を彩る。

MAP P.215 所札幌市中央区宮ヶ丘474
☎011-611-0261 開7:00～16:00(季節により異なる) 料無料 交地下鉄・円山公園駅から徒歩15分
URL www.hokkaidojingu.or.jp

御祭神 大国魂神／大那牟遅神
おおくにたまのかみ／おおなむちのかみ
少彦名神／明治天皇
すくなひこなのかみ／めいじてんのう

駒形神社 【岩手県奥州市】
こまがたじんじゃ

創建は古代にさかのぼり、奥州藤原氏も崇敬した名社。もとは駒ヶ岳山頂にあったが、明治36(1903)年に現在の地へ奉遷された。桜の名所である水沢公園内にあり、春は桜、秋は紅葉が美しい。

MAP P.215 所奥州市水沢区中上野町1-83
☎0197-23-2851 開5:30～18:00(11～3月は～17:30) 料無料 交JR水沢駅から徒歩10分
URL www.rnac.ne.jp/~komagata

御祭神 駒形大神
こまがたのおおかみ

太平山三吉神社
たいへいざんみよしじんじゃ 【秋田県秋田市】

全国三吉神社の総本宮。白鳳2(673)年創建と伝えられ、薬師の峰・修験の山としての太平山信仰と、力の神・勝負の神を崇める三吉信仰が融合して崇敬を集める。太平山山頂には奥宮がある。

MAP P.215 所秋田市広面赤沼3-2
☎018-834-3443 開境内自由
交JR秋田駅から車で6分 URL www.miyoshi.or.jp

御祭神 大己貴大神／少彦名大神
おおなむちのおおかみ／すくなひこなのおおかみ
三吉霊神
みよしおおかみ

志波彦神社・鹽竈神社
しわひこじんじゃ・しおがまじんじゃ【宮城県塩竈市】

御祭神	志波彦神／鹽土老翁神 しわひこのかみ／しおつちおぢのかみ 武甕槌神／経津主神 たけみかつちのかみ／ふつぬしのかみ

東北鎮護の神として、篤い信仰を集めてきた鹽竈神社。江戸時代には伊達家歴代藩主が大神主を務めた。同じ境内には、明治7(1874)年に遷祀された延喜式内名神大社の志波彦神社がある。

MAP P.215 所 塩竈市一森山1-1 ☎022-367-1611
開 5:00〜20:00 料 無料 交 JR本塩釜駅から徒歩15分
URL www.shiogamajinja.jp

伊佐須美神社 【福島県会津美里町】
いさすみじんじゃ

御祭神	伊弉諾尊／伊弉冉尊 いざなぎのみこと／いざなみのみこと 建沼河別命／大毘古命 たけぬなかわわけのみこと／おおびこのみこと

約2000年の歴史を持つ会津の総鎮守。四道将軍の父子が東北道各地を平定後にこの地で再会し、国家鎮護のためイザナギ・イザナミの2神を祀ったのが起源とされる。天然記念物の薄墨桜が有名。

MAP P.215 所 会津美里町宮林甲4377
☎ 0242-54-5050 開 境内自由 交 JR会津若松駅から会津バス・高田行きに乗り40分、横町下車、徒歩5分

筑波山神社 【茨城県つくば市】
つくばさんじんじゃ

御祭神	伊弉諾尊／伊弉冉尊 いざなぎのみこと／いざなみのみこと

古代山岳信仰の姿をとどめる古社。筑波山を御神体と仰ぎ、男体山にイザナギ、女体山にイザナミの男女2神を祀る。約370haに及ぶ境内には、御神橋や春日神社、日枝神社など貴重な文化財が多い。

MAP P.217 所 つくば市筑波1 ☎ 029-866-0502
開 境内自由 交 つくばエクスプレス・つくば駅から筑波山シャトルバスで40分 URL www.tsukubasanjinja.jp

彌彦神社 【新潟県弥彦村】
いやひこじんじゃ

御祭神　天香山命
あめのかごやまのみこと

弥彦山の麓に鎮座し、天照大神の曾孫にあたる天香山命を祀る。『万葉集』にも詠まれた古社で、「おやひこさま」の愛称で親しまれてきた。現社殿は明治の大火後、大正5(1916)年に再建された。

MAP P.215　所 弥彦村弥彦2887-2
☎0256-94-2001　開 境内自由
交 JR弥彦駅から徒歩10分

射水神社 【富山県高岡市】
いみずじんじゃ

御祭神　二上神
ふたかみのかみ

奈良時代以前の創建といわれ、『延喜式』では越中国唯一の名神大社に列し、また一宮でもある。御祭神は二上神で、越中国の守り神として崇敬を集める。高岡古城公園内にあり、桜の名所。

MAP P.216　所 高岡市古城1-1　☎0766-22-3104
開 9:00～16:30　料 無料　交 JR高岡駅から徒歩10分
URL www.imizujinjya.or.jp

氣多大社 【石川県羽咋市】
けたたいしゃ

御祭神　大己貴命
おおなむちのみこと

万葉集に記載されている能登一宮。加賀百万石前田利家とまつが崇敬した。国の指定重要文化財である本殿背後には、国の天然記念物「入らずの森」が広がり良い氣を放っている。

MAP P.216　所 羽咋市寺家町　☎0767-22-0602　開 8:30
～16:30　料 無料　交 JR羽咋駅から北鉄能登バス・高浜行きに乗り10分、一の宮下車、徒歩5分　URL www.keta.jp

氣比神宮 【福井県敦賀市】
けひじんぐう

御祭神	伊奢沙別命／仲哀天皇／神功皇后／応神天皇 いざさわけのみこと／ちゅうあいてんのう／じんぐうこうごう／おうじんてんのう 日本武尊／玉妃命／武内宿禰命 やまとたけるのみこと／たまのひめのみこと／たけのうちのすくねのみこと

7柱の祭神を祀る北陸道の総鎮守。大宝2(702)年建立と伝えられ、「けいさん」の愛称で親しまれる。佐渡島から奉納されたムロで建てたという大鳥居は日本三大木造大鳥居のひとつで重要文化財。

MAP P.219 所敦賀市曙町11-68 ☎0770-22-0794
開6:00〜17:00 料無料 交JR敦賀駅から徒歩15分
URL kehijingu.jp

椿大神社 【三重県鈴鹿市】
つばきおおかみやしろ

御祭神	猿田彦大神 さるたひこのおおかみ

猿田彦大神を祀る神社の総本宮で、日本最古の神社のひとつ。鈴鹿山系の入道ヶ嶽の麓にあり、古杉・檜が茂る境内には、総檜の神明造の本殿、金龍明神の滝、松下幸之助寄進の茶室などが点在する。

MAP P.219 所鈴鹿市山本町1871 ☎059-371-1515
開日の出〜日の入り 料無料 交JR四日市駅から三重交通バス・椿大神社行きに乗り55分、下車すぐ
URL www.tsubaki.or.jp

多賀大社 【滋賀県多賀町】
たがたいしゃ

御祭神	伊邪那岐大神／伊邪那美大神 いざなぎのおおかみ／いざなみのおおかみ

『古事記』にも登場する古社。古くから「お多賀さん」の名で親しまれ、武田信玄や豊臣秀吉も崇敬を寄せたという。境内には秀吉が寄進した米1万石により築造された太閤橋や奥書院庭園がある。

MAP P.219 所多賀町多賀 ☎0749-48-1101
開境内自由 交近江鉄道・多賀大社前駅から徒歩10分 URL www.tagataisya.or.jp

石清水八幡宮 【京都府八幡市】
いわしみずはちまんぐう

創建は貞観元(859)年で、大分の宇佐八幡を勧請したのが始まり。都の裏鬼門にあたる男山山上に位置し、国家鎮護の神として朝廷や武家の崇敬を受けてきた。丹漆塗りの壮麗な社殿は重要文化財。

MAP P.219　所八幡市八幡高坊30　☎075-981-3001
開5:30～18:30、10月6:00～18:00、11～3月6:30～18:00
料無料　交男山ケーブル・男山山上駅から徒歩5分
URL www.iwashimizu.or.jp

御祭神	応神天皇／比咩大神 おうじんてんのう／ひめおおかみ
	神功皇后 じんぐうこうごう

北野天満宮 【京都府京都市】
きたのてんまんぐう

天暦元(947)年創建。菅原道真公を祀る全国の天神社・天満宮の総本社で、「北野の天神さん」の名で親しまれる。豊臣秀頼が造営した絢爛豪華な本殿は国宝に指定。梅や紅葉の名所でもある。

MAP P.219　所京都市上京区馬喰町　☎075-461-0005　開5:00～18:00、10～3月5:30～17:30
料無料　交京福電車・白梅町駅から徒歩5分
URL kitanotenmangu.or.jp

御祭神	菅原道真公 すがわらのみちざねこう

大神神社 【奈良県桜井市】
おおみわじんじゃ

三輪山全体を御神体とするため本殿がなく、拝殿の奥にある三ツ鳥居を通して三輪山を拝するという古代信仰の形を残す。古くから人間生活の守護神として、医薬や酒造の神として信仰されてきた。

MAP P.219　所桜井市三輪1422　☎0744-42-6633
開境内自由　交JR三輪駅から徒歩5分
URL oomiwa.or.jp

御祭神	大物主大神／大己貴神 おおものぬしのおおかみ／おおなむちのかみ
	少彦名神 すくなひこなのかみ

橿原神宮 【奈良県橿原市】
かしはらじんぐう

| 御祭神 | 神武天皇／媛蹈鞴五十鈴媛命
じんむてんのう／ひめたたらいすずひめのみこと |

神武天皇と皇后を祀るため、明治23(1890)年に創建。畝傍山の麓に広大な神域を持つ。京都御所の賢所を御下賜いただいた本殿や、織田家旧柳本藩邸の表向御殿を移築復元した文華殿はともに重文。

MAP P.219 所橿原市久米町934 ☎0744-22-3271
開日の出～日没 料無料 交近鉄・橿原神宮前駅から徒歩10分 URL www.kashiharajingu.or.jp

吉備津彦神社 【岡山県岡山市】
きびつひこじんじゃ

| 御祭神 | 大吉備津彦命
おおきびつひこのみこと |

吉備国平定のために朝廷から派遣され、桃太郎伝説のモデルにもなった吉備津彦命を祀る。夏至の日には太陽が正面鳥居の真正面から昇り、神殿の御鏡に入ることから「朝日の宮」とも呼ばれる。

MAP P.218 所岡山市北区一宮1043
☎086-284-0031 開6:00～19:00(10～3月は～18:00) 料無料 交JR備前一宮駅から徒歩3分
URL www.kibitsuhiko.or.jp

大神山神社 【鳥取県大山町】
おおがみやまじんじゃ

| 御祭神 | 大己貴命
おおなむちのみこと |

霊峰と崇められる大山中腹に奥宮、麓に本社が鎮座する。奥宮は日本最大級の権現造で、内部を彩る彫刻や極彩色の装飾も見どころ。本社の境内には池や堀が配され、初夏はアジサイが美しい。

奥宮 MAP P.218 所大山町大山1 ☎0859-52-2507
開境内自由 交米子自動車道・米子ICから車で15分、駐車場から徒歩15分 URL www.oogamiyama.or.jp

生田神社 【兵庫県神戸市】
いくたじんじゃ

| 御祭神 | 稚日女尊
わかひるめのみこと |

『日本書紀』にも登場する由緒正しい社。神戸という地名発祥の地としても知られる。朱塗りの社殿が美しく、境内奥には数々の歌に詠まれた「生田の森」が広がり、都会のオアシスとなっている。

MAP P.219　所神戸市中央区下山手通1-2-1
☎078-321-3851　開7:00〜日没　料無料
交神戸新交通／市営地下鉄・三宮駅から徒歩10分
URL www.ikutajinja.or.jp

西宮神社 【兵庫県西宮市】
にしのみやじんじゃ

| 御祭神 | 蛭子神／天照大神
ひるこのかみ／あまてらすおおみかみ
大国主大神／速須佐之男大神
おおくにぬしのおおかみ／はやすさのおのおおかみ |

福の神として崇敬されるえびす様の総本社。豊臣秀頼寄進の表大門は左右に連なる大練塀とともに重要文化財に指定されている。毎年1月9〜11日の「十日えびす」は約100万人の参拝者で賑わう。

MAP P.219　所西宮市社家町1-17　☎0798-33-0321
開境内自由　交阪神・西宮駅から徒歩5分
URL nishinomiya-ebisu.com

赤間神宮 【山口県下関市】
あかまじんぐう

| 御祭神 | 安徳天皇
あんとくてんのう |

壇ノ浦の合戦で入水した安徳天皇を祀る。竜宮造の水天門は「波の下にも都あり」という二位の尼の言葉を反映したもの。境内には平家一門の墓や耳なし芳一の像を安置する「芳一堂」などがある。

MAP P.221　所下関市阿弥陀寺町4-1
☎083-231-4138　開境内自由　交中国自動車道・下関ICから車で13分　URL www.tiki.ne.jp/~akama-jingu

大山祇神社　【愛媛県今治市】
おおやまづみじんじゃ

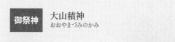

御祭神　大山積神
おおやまづみのかみ

全国に1万社余りある山祇神社、三島神社の総本社。境内には樹齢2600年といわれる大楠がそびえ、本殿、拝殿ともに重要文化財。隣接する宝物館では国宝を含む貴重な武具類などを多数展示する。

MAP P.218　所 今治市大三島町宮浦3327
☎0897-82-0032　開 境内自由、宝物館8:30〜16:30
交 西瀬戸自動車道・大三島ICから車で10分

海神神社　【長崎県対馬市】
かいじんじんじゃ

御祭神　豊玉姫命
とよたまひめのみこと

海の守護神である豊玉姫命を祀る対馬国一宮。原生林で覆われた伊豆山中腹にあり、約300段の石段を上ると、静寂に包まれた荘厳な社殿が姿を見せる。眼下には対馬西海や朝鮮海峡が一望できる。

MAP P.220　所 対馬市峰町木坂247
☎0920-83-0137　開 境内自由
交 対馬空港から車で1時間

鵜戸神宮　【宮崎県日南市】
うどじんぐう

御祭神　日子波瀲武鸕鶿草葺不合尊
ひこなぎさたけうかやふきあえずのみこと

日向灘に面した断崖の洞窟内に朱塗りの本殿が鎮座する珍しい神社。周囲には奇岩怪礁が連なり、紺碧の海や白波が美しい。本殿前磯にある「霊石亀石」の穴に運玉を投げ入れると願いが叶うという。

MAP P.214　所 日南市宮浦3232　☎0987-29-1001
開 6:00〜19:00、10〜3月7:00〜18:00　料 無料　交 宮崎自動車道・宮崎ICから車で50分　URL www.udojingu.com

お参りの作法

身だしなみ・歩き方

神社は聖なる空間です。鳥居をくぐる前にはできる限り装いを正しましょう。神社に足を踏み入れたあとは、神様の通り道である参道の中央(正中)を避けて歩きます。

手水

神社に奉仕・参拝する人は心身を慎み、穢れを祓い清らかさを保つ必要があります。心身を清めるために行なわれるのが手水です。

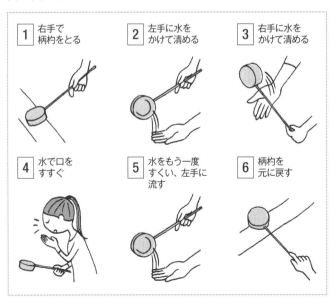

| 1 右手で柄杓をとる | 2 左手に水をかけて清める | 3 右手に水をかけて清める |
| 4 水で口をすすぐ | 5 水をもう一度すくい、左手に流す | 6 柄杓を元に戻す |

※柄杓には口をつけずに一連の動作を行ないます。タオルやハンカチを用意。
※手水舎は一般の参拝者が利用するもので、神事では通常使われません。

拝礼の流れ

神様にはお願いするのではなく、自分の決意を誓う気持ちで祈願しましょう。神社によっては、二拝四拍手一拝などの場合もあります。

玉串拝礼

通常、神社では、正式参拝するときは玉串(たまぐし)を奉納します。玉串は拝礼の際、神職(しんしょく)や参拝者によって奉られます。神社の祭祀とは切り離せない榊(さかき)の木に紙垂(しで)など(紙片や木綿)が付けられたものです。

神社の基礎知識

そもそも神社という場所とは？

　神道の神様をお祀りする場であり、神様が鎮座され、聖なる空間ともいえるところです。神聖な場所として崇められてきた山や川や泉、森などの場所が始まりといわれています。その時代に生きた人たちは壮大かつ清らかな自然のなかに神籬や磐座といった依り代をつくり、神様をお迎えしていました。今のような社殿は、祭りのとき臨時で建てていた小屋が常設されるようになったものであると考えられています。

　平安時代中期には、国から捧げものを受けていた神社は2861社。『延喜式神名帳』という書物にその数が記載されています。

　時は流れ、現在、日本には約8万社以上の神社があります（神社本庁傘下の神社数）。

御祭神・御神体（御霊代）～神様に想いを馳せる

　御祭神とは、神社に鎮座される神様のこと。現在までにさまざまな変遷を経て大きく分けると3つの神様に分類されます。

　①自然、②人、③機能や性格に分けられ、①は太陽神である天照大神（皇族の祖神としては②にも当てはまります）、②は学問関係で有名な菅原道真、③は天地創造の神とされる天之御中主神が代表的な神様です。

　御神体とは神霊が宿る物体のことをいい、神道で礼拝の対象となるものです。三種の神器で有名な鏡、剣、玉などが御神体の一種です。巨石や巨木、山や島などの自然をお祀りすることもあります。奈良県の大神神社が有名で三輪山を神体山として多くの人に信仰されてきたのです。日本でいちばん高い富士山も、いにしえより霊峰として祀られてきました。

神社を支える祭り

「まつり」という言葉の意味は、神様がお越しになるのを"待ち"のぞむ」からきています。年間を通じて、さまざまな祭祀が行なわれています。

祭りには3つの格式があり、大祭、中祭、小祭と分けられます。

まず神社において年に一度の最大の祭りが例祭。御祭神や神社に由縁のある日に行なわれます。

古代から神道は農業と密接な関係があり、大祭には豊穣を祈願・感謝する祭りが存在します。新春の農耕儀礼である2月の祈年祭、収穫祭である11月の新嘗祭(にいなめさい)が有名です。その他、式年祭などがあります。中祭としては、年初めをことほぐ歳旦祭(さいたんさい)をはじめ、元始祭など皇室にゆかりが深い祭祀が執り行なわれています。

その他、土地独自に発展を遂げたものや年中行事と絡みのあるものなど、独特な祭りがたくさんあります。長い歴史のなかでつくられてきた祭りの意味を知り、全国各地の祭りに来訪してみましょう。

禊・祓を実践し、神様に近づく

禊(みそぎ)とは、身体を洗いすすぐことであり、みずからの罪や穢れを取り除いて清めることをいいます。伊邪那岐命が黄泉国(よみのくに)から戻ったとき禊祓(みそぎはらえ)をしたことが始まりとされています。

祓(はらえ)とは、罪穢れなどの不浄を取り除く行為(つみけが)のことです。神前で幣帛(へいはく)を使って行なわれる神事が代表的なもので、いわゆるお祓いをイメージしてください。

近年では禊祓と一緒に呼ばれることもありますが、意味としては別々のものです。罪穢れを清めることは神道を支えるうえで避けては通れません。

神社に参拝する際には、まっすぐな心を持ち、みずからの心身をしっかり清めたうえで神様に祈願しましょう。

氏神様とのご縁を大切に

今では生まれた土地やある区域に住む人々を守る神様とされていますが、元来は同じ氏である血縁集団がお祀りしていた神様のことをいいます。

初詣は、氏神様にお参りするとよいといわれています。初詣は新しい年を迎え、神社や寺に参拝することですが、由来は年籠りにあるのです。

年籠りとは、12月31日夕方から1月1日の朝の間、氏神の社に籠るものです。初詣本来の意味を知り、神社に参拝すれば、氏神様とのご縁がより深まるのではないでしょうか。

ちなみに初詣は、その年の恵方(その年の歳徳神がいる吉方位)に存在する神社に詣でるのがよいともされています。

 ## 一宮巡りで日本制覇

一宮、二宮、三宮という序列はいわゆる一種の社格制度です。

一宮とは諸国(地域)で最も有力かつ地位のある神社のことをいいます。一宮は神社の力の変遷等により、時代により変化してきました。平安時代から鎌倉時代にかけてまとまったとされており、複数の神社が一宮を名乗ることもあったようです。

江戸時代から多くの参拝者が諸国一宮を巡るようになり、今では「全国一宮巡拝会」などをはじめ、全国の一宮制覇をめざし参拝を続ける人がたくさんいます。

千葉県の一宮町や愛知県一宮市のように、一宮の名を地名として使う地方公共団体もあります。

みなさんも一宮巡りをしてみてはいかがでしょうか。

鳥居をくぐると、そこは神域

　神社は神様が鎮座されており、境内は神様の持つ力で満ちあふれています。神社自体がひとつの宇宙を形作っているといってもよいでしょう。

　そして、神域に足を踏み入れるための入り口が鳥居で、聖域と俗界を切り分ける象徴といえるでしょう。

　神社によって鳥居の設置されている数は違います。複数あるときは、参道の入り口に設置されているものが一の鳥居と呼ばれ、最大のものになります。石や木、コンクリート、プラスチックで作られ、大きく神明と明神の2つの体系に分けられます。

おみくじ（御神籤）は神様のお導き

　神社を参拝したら引きたくなるおみくじ。普通は、大吉、吉、中吉、末吉、凶、大凶などの運勢と願望、商売、恋愛、縁談などテーマ別に、人生の道しるべとなる判断が記されています。運勢を和歌や御製(ぎょせい)を使って説明するものも一般的です。

　おみくじは元来、判断に迷うことを複数の紙に書きつけ、神様にお祈りしてから1枚を引いていました。このことが、おみくじは神様からのメッセージといわれる由縁なのです。

　おみくじの方式としては、みくじ棒といわれる棒を引く、前もって折られたみくじを直接引く、自動販売機から得るやり方が広く知られています。

　ちなみに、おみくじの文面の特許を所有するのは山口県にある女子道社(じょしどうしゃ)です。

　引いたおみくじは神様からのお導きと考え、自分の糧にしていきましょう。

139

縁起物で運を呼び込む

　正月の注連縄、門松などの飾り、破魔矢、繭玉、酉の市の熊手、お多福面などが有名です。熊手などともに飾られる招き猫、宝船や選挙特番でおなじみの達磨なども縁起物になります。

　字面のとおり、神社に参拝した人が縁起を祝うために買う品物。よいことをもたらす兆しとされる、まさに「縁起が良いもの」なのです。ちなみに、「縁起」のもともとの意味は仏教用語であり、原因に縁って結果が起きるということに拠っています。

 ## 授与品は神様からのギフト

　境内の社務所で頒布されている記念品で、神札や守札、絵馬、根付、破魔矢などのことです。御神体やご利益により、神社ごとに品揃えは異なります。

　神札の代表的なものには、伊勢神宮から毎年配られるお札である神宮大麻が挙げられます。守札とは、お守りのことで、家内安全から虫除けまで多種多様です。神社で発行される授与品は神様とのご縁がある非常に特別なものです。けっしてぞんざいに扱わずに、ていねいに心を尽くして取り扱いましょう。ちなみに神札やお守りは、授与されてから1年でお返しするのが一般的です。

 ## 神社に仕える神職の方々

　宮司とは、神社で最も地位の高い人のことで、トップとして祭祀を仕切る人でもあります。神職とは神社に勤める職員のことです。巫女とは、古くは神様からのご宣託を受け意思を伝える女性でしたが、現在では神職として神様に仕える人のことをいいます。

　神職の方々がどのようなお仕事をされているかに視点をあわせてみると、参拝の楽しみも増えるのではないでしょうか。

神社境内の建築用語

本殿 ほんでん	神を祀る建物。神社で最も神聖な場所。
拝殿 はいでん	人々が参拝を行なう場所。拝殿の奥に本殿があるのが一般的。
摂社・末社 せっしゃ・まっしゃ	御祭神や鎮座地にゆかりの深い神様が祀られる。本社にまつろう小さな社。摂社のほうが末社より大きい。
神木 しんぼく	神様の依りどころや神社のシンボルとして大切にされる木。
手水舎 ちょうずや	参拝するにあたり、手や口を洗い心身を清める場所。
玉垣 たまがき	神域を取り囲む垣のこと。社殿または境内を取り囲む。
狛犬 こまいぬ	社殿や参道にある獅子像。魔除けの効果があり、神前を守護する。
社務所 しゃむしょ	神社のさまざまな事務を行なう場所。授与所や斎館を兼ねるケースもある。
参道 さんどう	神前に参拝するための道。
灯(燈)籠 とうろう	境内の灯火を風から守るもの。石や金属、陶器などで作られている。
祓所 はらいどころ	大切な祭典などの前にお祓いをする神聖な場所。
禁足地 きんそくち	神様が宿るとされ、足を踏み入れてはいけない場所。

神社建築の基本用語

神明造 しんめいづくり	切妻造、平入り、屋根は反りがないことが特徴。千木と鰹木が設置された古代建築。伊勢神宮の内宮、外宮は唯一神明造と呼ばれる。
大社造 たいしゃづくり	切妻造、妻入り、妻側の柱は宇豆柱と呼ばれる。宇豆柱の存在により、出入り口は中央から左か右に作られている。出雲大社が代表的。
八幡造 はちまんづくり	切妻造、平入り。奥の内殿と手前の外殿が二つつながっている。千木と鰹木は付いていない。宇佐神宮、石清水八幡宮が代表的。
流造 ながれづくり	切妻造、平入り。正面側の屋根が前に伸びている。神社本殿の半分以上を占める一般的な形。千木と鰹木はない。外殿側には向拝付。賀茂別雷神社、賀茂御祖神社など。
春日造 かすがづくり	切妻造、妻入り。正面に向拝があって屋根は湾曲している。春日大社など。通常正面一間だが、春日大社などの三間社もある。
住吉造 すみよしづくり	切妻造、妻入り。柱は朱色塗り、壁は白色塗り。屋根は直線的な形。住吉大社など。
切妻造 きりつまづくり	屋根形状の一種。棟から地上に向け両側に葺く。神社建築の屋根の基本形。様式により反りがあるものとないものがある。茅葺き、檜皮葺き、柿葺きなどがある。

※**妻入り**(つまいり)…屋根が三角に見える方を妻。妻に出入り口がある建物を妻入りという。
※**平入り**(ひらいり)…屋根の平らな面が見えるほうを平。平に出入り口がある建物を平入りという。
※**千木**(ちぎ)………屋根の上で交わる2本の木のこと。
※**鰹木**(かつおぎ)……屋根に水平方向に置かれた木。男神を祀る神社は奇数、女神を祀る神社は偶数が多い。

年中行事・通過儀礼でよく知られている神社

人生の節目を祝う儀式や季節の習慣など、日本人なら知っておきたい神事の数々。古くから神とともに生きてきた人々の姿が垣間見える。

【 七五三 】
日枝神社
ひえじんじゃ【東京都千代田区】

子どもの健やかな成長と幸福を願う七五三詣で賑わう

江戸城の鎮守として徳川家に崇敬され、江戸一の大社だった日枝神社。秋には七五三詣の親子連れで賑わい、古例にならった神楽や鈴祓いとともに子どもの成長を願う厳かな祈禱が行なわれる。貸衣装や着付け、写真撮影、食事などがセットになった平日限定プランも人気。祈祷を受けた女の子に記念品として贈られる巫女リカちゃん人形も注目を集める。

1 高台に鎮座する拝殿。緻密な天井絵も見どころ
2 巫女さん姿の清楚なオリジナルリカちゃん人形。男の子はロゴと社紋入りチョロQがもらえる

MAP P.217
所 千代田区永田町2-10-5　☎03-3581-2471
開 5:00～18:00、10～3月6:00～17:00　料 無料
交 地下鉄・赤坂駅／溜池山王駅から徒歩3分
URL www.hiejinja.net

【 七草 】
大山阿夫利神社
おおやまあふりじんじゃ【神奈川県伊勢原市】

江戸時代から続く筒粥神事で豊凶を占う

2200年以上の歴史を持ち、大山中腹に下社、山頂に本社がある。毎年七草の日には、竹筒で粥をすくい取り、その米粒数によって一年の天候や農作物の豊凶などを占う筒粥神事が執り行なわれている。

MAP P.217
所 伊勢原市大山355 ☎0463-95-2006
開 9:00～16:00 料 無料 交 小田急線・伊勢原駅から神奈川中央交通バス・大山ケーブル駅行きに乗り、終点下車、徒歩15分、大山ケーブルに乗り換え阿夫利神社下車、徒歩5分 URL www.afuri.or.jp

筒粥神事のようす。神事のあと、神主が占いの結果を参拝者に解説する

【 紀元祭 】
橿原神宮
➡P.131
かしはらじんぐう【奈良県橿原市】

日本の建国を盛大に祝う紀元祭が有名

橿原神宮の祭典のなかで最も重要なお祭は例祭の紀元祭。御祭神の神武天皇が即位したと伝えられる2月11日(建国記念の日)に斎行される。勅使参向のもと皇室より御幣物が奉献され、参列者は約4千人に及ぶ。

MAP P.219
所 橿原市久米町934 ☎0744-22-3271
開 日の出～日没 料 無料
交 近鉄・橿原神宮前駅から徒歩10分
URL www.kashiharajingu.or.jp

畝傍山の麓に広がる、日本建国の聖地

金運・商売運でよく知られている神社

商売繁盛から宝くじ当選まで、金運にご利益がある神社は全国に多数。
由緒ある古社はもちろん、近年注目を集めるスポットも見逃せない。

笠間稲荷神社
かさまいなりじんじゃ【茨城県笠間市】

あらゆる殖産興業の神として篤く信仰される古社

昭和35(1960)年に建てられた拝殿。伝統的な神社建築と現代建築の粋を集めた壮麗な建物

　白雉2(651)年創建と伝えられ、日本三大稲荷のひとつ。「お稲荷さん」の愛称で親しまれる稲荷大神は古くから食物の神、農業の神として崇敬を集め、商工業が盛んになるにつれて殖産興業の神としての信仰も広まった。商売繁盛や金運上昇をはじめ、五穀豊穣、開運招福、家内安全などご利益は多岐にわたり、年間350万人余りの参拝者が訪れる。

MAP P.217
所 笠間市笠間1　℡ 0296-73-0001
開 6:00〜日没　料 無料　交 JR友部駅からかさま観光
周遊バスに乗り、稲荷神社下車すぐ(月曜運休)
URL www.kasama.or.jp

新屋山神社
あらややまじんじゃ【山梨県富士吉田市】

奥宮は日本一の金運神社として名高い

　天文3(1534)年創建、富士山麓に鎮座する神社。富士山2合目の通称「へだの辻」と呼ばれる場所にたたずむ奥宮は「金運神社」とも称され、金運をもたらすパワースポットとして評判だ。

MAP P.217
所 富士吉田市新屋1230
☎ 0555-24-0932
開 本宮／9:00～16:00(12～4月は～15:30)、奥宮／10:00～15:30(12～4月休社)
料 無料　交 本宮／富士急行・富士山駅から富士急行バス・道志小学校行きに乗り、新屋公民館入口下車、徒歩5分、奥宮／国道138号・富士浅間神社東交差点から車で25分
URL www.yamajinja.com

西宮神社　　　　　　　➡P.132
にしのみやじんじゃ【兵庫県西宮市】

数千人が全力疾走する1月恒例の福男選び

　商売繁盛のご利益で知られるえびす宮総本社。年初めに催される「十日えびす」の福男選びが有名。表大門が開くと同時に大勢の参加者が本殿をめざして疾走し、上位3人がその年の福男となる。

MAP P.219
所 西宮市社家町1-17
☎ 0798-33-0321
開 境内自由
交 阪神・西宮駅から徒歩5分
URL nishinomiya-ebisu.com

美保神社　　　　　　　➡P.118
みほじんじゃ【島根県松江市】

縁起の良い「えびすだいこく両参り」が人気

　御祭神の事代主神はえびす様として知られ、金運や仕事運のご利益を求めて参拝者が絶えない。出雲大社の大国主大神とは親子神であるため、美保神社と出雲大社の両参りでさらに運気アップも。

MAP P.218
所 松江市美保関町美保関608　☎ 0852-73-0506
開 境内自由　交 JR境港駅から美保関コミュニティバス・宇井渡船場行きに乗り、終点で美保関コミュニティバス・美保関行きに乗り換え、終点下車すぐ
URL www.mihojinja.or.jp

学業・知恵でよく知られている神社

知恵や学問を司る神は、受験生の強い味方。天神様が有名だが、ほかにも霊験あらたかな神が鎮座し、学業に励む人々の信仰を集める。

湯島天神（湯島天満宮）
ゆしまてんじん（ゆしまてんまんぐう）【東京都文京区】

御祭神の菅原道真公は言わずと知れた学問の神様

雄略天皇2(458)年、勅命により創建。正平10(1355)年に菅原道真公が祀られ、学問の神、書道の神、和歌の神として信仰されてきた。江戸時代には林道春、松永尺五、新井白石など名だたる学者や文人も参拝したと伝えられる。現在も合格祈願や学業成就のご利益で知られ、受験シーズンには多数の受験生で賑わい、修学旅行で訪れる学生も多い。

平成7(1995)年造営の拝殿。本殿と拝殿が幣殿で結ばれた権現造の建築様式となっている

MAP P.217
所 文京区湯島3-30-1　☎03-3836-0753
開 6:00～20:00　料 無料
交 地下鉄・湯島駅から徒歩2分
URL www.yushimatenjin.or.jp

亀戸天神社
かめいどてんじんしゃ【東京都江東区】

下町の天神様として人々に親しまれる

　正保3(1646)年、菅原道真の末裔・菅原信祐が小さな祠に道真を祀ったのが始まり。一年を通して受験合格や学業成就を祈願する学生が訪れる。本殿前の神牛像に触れると知恵を授かるという。

MAP P.217
所 江東区亀戸3-6-1
☎ 03-3681-0010
開 境内自由
交 各線・亀戸駅／錦糸町駅から徒歩15分
URL kameidotenjin.or.jp

頭之宮四方神社
こうべのみやよもうじんじゃ【三重県大紀町】

「頭之宮」と名付く神社は日本でここだけ

　地元では「あたまの宮さん」の呼び名で親しまれる珍しい神社。首から上のさまざまな祈願にご利益があるといわれ、知恵の神として試験合格、頭のけがや病気から身を守る守護神として信仰される。

MAP P.219
所 大紀町大内山3314-2
☎ 0598-72-2316
開 8:30〜17:00　料 無料
交 JR大内山駅から徒歩10分
URL www.koubenomiya.or.jp

久延彦神社
くえひこじんじゃ【奈良県桜井市】

受験や進学の成就を司る知恵の神

　大神神社の末社。御祭神の久延毘古命は知恵の神として知られ、境内には合格祈願の絵馬が数多く奉納されている。毎年5月5日には、子どもの学力向上や学業安全を祈る就学安全祈願祭を開催。

MAP P.219
所 桜井市三輪
☎ 0744-42-6633(大神神社)
開 境内自由
交 JR三輪駅から徒歩10分
URL oomiwa.or.jp

水でよく知られている神社

山紫水明の日本では、古くから清らかな水を御神水として崇めてきた。
万病に効くと伝わる湧水も随所にあり、心身を浄化してくれる。

來宮神社
きのみやじんじゃ【静岡県熱海市】

清廉な水と緑の大木に囲まれて静かに鎮座する神々しい社

来福・縁起の神として信仰される神社。境内には御神水が湧き出ており、健康成就・運勢開運を祈願するお水取り(初穂料1回1000円)が人気だ。御神木の大楠は樹齢2000年を超え、一周すると寿命が1年延びるという。

鬱蒼とした木々と美しい拝殿が調和している

MAP P.217
所 熱海市西山町43-1　℡ 0557-82-2241
開 9:00〜17:00　料 無料　交 JR来宮駅から徒歩3分
URL www.kinomiya.or.jp

出雲大社相模分祠
いずもたいしゃさがみぶんし【神奈川県秦野市】

通称「関東の出雲さん」として知られる出雲大社の分社

明治21(1888)年、出雲大社の分霊を勧請したのが始まり。境内の湧水「千年の杜の水」は蛍が生息するほど清らかで、遠方から汲みに来る人も多い。この水を使った「杜のとうふ工房」の豆腐が境内で販売されている。

1 良縁結びの神と崇敬される「だいこくさま」を祀る　2 名水で作られた杜の生豆腐。味が濃く大豆の風味豊か

MAP P.217
所 秦野市平沢1221　℡ 0463-81-1122
開 境内自由　交 小田急電鉄・秦野駅から神奈川中央バス・渋沢駅北口行きに乗り、保健福祉センター前下車、徒歩3分　URL www.izumosan.com

真清田神社
ますみだじんじゃ【愛知県一宮市】

無病息災を願う井戸覗き

　尾張国一宮として崇敬を集める神社。「神水舎」と呼ばれる井戸があり、水面を覗き込んで顔が映ると無病息災が得られるという。明治天皇巡幸の際は、この井戸水が御膳水として使用された。

MAP P.216
所 一宮市真清田1-2-1　℡ 0586-73-5196
開 9:00〜17:00　料 無料　交 JR尾張一宮駅から徒歩8分　URL www.masumida.or.jp

出雲大神宮
いずもだいじんぐう【京都府亀岡市】

万病に効くという名水が湧く

　1300年以上の歴史を持つ丹波国一宮。絶え間なく湧き続ける「真名井の水」はどんな病にもよく効く痛み止めの水といわれ、古くから御神水と崇められてきた。飲めば長寿や幸福を招くという。

MAP P.219
所 亀岡市千歳町出雲　℡ 0771-24-7799
開 境内自由　交 JR亀岡駅から亀岡市ふるさとバス・千代川駅前行きに乗り、出雲神社前下車すぐ
URL www.izumo-d.org

狭井神社
さいじんじゃ【奈良県桜井市】

霊泉が湧く神秘的な薬井戸

　大神神社の摂社で、三輪の神の荒魂を祀る。拝殿の左手奥には神聖な井戸があり、ここから湧き出す水はさまざまな病に効く「薬水」として古くから信仰の対象となっている。

MAP P.219
所 桜井市三輪狭井　℡ 0744-42-6633（大神神社）　開 境内自由　交 JR三輪駅から徒歩15分
URL oomiwa.or.jp

八幡朝見神社
はちまんあさみじんじゃ【大分県別府市】

名水で淹れたコーヒーは格別

　緑の中に鎮座する別府温泉の総鎮守。湧水「萬太郎清水」は不治の病を治した伝説を持つ霊水で、干ばつでも涸れることがないという。境内にはこの水で淹れたコーヒーが味わえる茶房がある。

MAP P.221
所 別府市朝見2-15-19　℡ 0977-23-1408
開 9:00〜16:30　料 無料　交 JR別府駅から徒歩15分　URL www.asami.or.jp

神様に教えてほしい大切なご縁
── 縁結びでよく知られている神社

♥ 水田天満宮末社 恋木神社
みずたてんまんぐうまっしゃこいのきじんじゃ【福岡県筑後市】

全国で1社のみ！ 恋愛の神様を祀るハートに彩られた社

恋愛の神である恋命（こいのみこと）を御祭神とする日本唯一の神社。参道や神殿床にはハートをかたどった水田焼の陶板が敷きつめられ、良縁・恋愛成就の聖地として大人気だ。恋みくじや恋木絵馬のほか、ハート陶板守などのお守りも種類豊富。境内には2本の楠（くすのき）が1本に和合した夫婦楠や御縁楠、触れるとご利益があるという夫婦雛などがある。

鎌倉時代からの歴史を持つ由緒正しい神社。恋木鳥居にあしらわれた10個のハートをすべて探すと幸せになれるという

MAP P.220
所 筑後市水田62-1　☎0942-53-8625
開 境内自由
交 JR羽犬塚駅から徒歩20分
URL www.mizuta-koinoki.jp

素敵な出会いを求める婚活女子はもちろん、幸せを願う恋人たちも注目のご利益スポットがあちこちに。霊験あらたかな神様が、良縁や恋愛成就を叶えてくれる。縁結びのかわいいお守りも入手したい。

♥ 宮地嶽神社
みやじだけじんじゃ【福岡県福津市】

御祭神である息長足比売命(おきながたらしひめのみこと)は女神で、女性の開運・縁結びの守り神

　創建約1700年前、全国に鎮座する宮地嶽神社の総本宮。日本最大級の大きさを誇る石室古墳があり、その古墳より多くの埋蔵物が発掘され、20点が国宝の指定を受けている。ほかにも大注連縄、大太鼓、大鈴の3種は日本一を誇る。また、奥の宮八社では、「一社一社お参りすれば大願が叶う」と信仰されており、女性の心身内外にご利益がある恋の宮など、多くの参拝者が訪れる。

MAP P.220
所 福津市宮司元町7-1　☎ 0940-52-0016
営 8:30〜17:00　料 無料　交 JR福間駅から西鉄バス・津屋崎橋行きに乗り、宮地岳宮前下車すぐ
URL www.miyajidake.or.jp

石室古墳には、奥の宮八社のひとつ、不動神社が奉祀されている

奉納された恋結びのハート絵馬がずらり

伊豆山神社
いずさんじんじゃ【静岡県熱海市】

頼朝と政子が逢瀬を重ねたと伝わる場所

　源頼朝と北条政子が周囲の猛反対を押し切って密かに愛を育んだ神社。境内には二人が腰かけて愛を語らったといわれる腰掛石や、縁結びのご利益があるという御神木の梛の木などがある。

MAP P.217
所 熱海市伊豆山上野地708-1
☎ 0557-80-3164　圏 境内自由
交 JR熱海駅から東海バス・伊豆山神社または七尾行きに乗り、伊豆山神社前下車すぐ
URL r.goope.jp/izusanjinjya

長い石段を上りつめると、緑に囲まれた美しい朱塗りの本殿が現れる

今宮神社
いまみやじんじゃ【京都府京都市】

玉の輿神社とも呼ばれる人気スポット

　徳川綱吉の生母・桂昌院(お玉)ゆかりの神社。京都・西陣の八百屋に生まれながら従一位にまで上りつめた桂昌院にあやかろうと、多くの女性たちが玉の輿祈願に訪れる。玉の輿のお守りも人気。

MAP P.219　所 京都市北区紫野今宮町21　☎ 075-491-0082
圏 境内自由　交 各線・二条駅から京都市営バス・46系統上賀茂神社行きに乗り、今宮神社前下車すぐ　URL www.imamiyajinja.org

平安時代、疫病を鎮めるために創建された神社。鮮やかな楼門が美しい

田村神社
たむらじんじゃ【香川県高松市】

こぢんまりとした姫の宮で良縁祈願を

和銅2(709)年創建と伝わる讃岐国一宮。境内には小さな「姫の宮」が鎮座し、縁結びの神として崇敬されている。イチゴとモモをあしらった縁結びのお守りや、図柄がかわいい恋みくじにも注目。

MAP P.218
所 高松市一宮町286
☎ 087-885-1541　開 境内自由
交 高松琴平電鉄・一宮駅から徒歩10分
URL tamurajinja.com

平成21(2009)年に建立された大鳥居。奥に立派な本殿が見える

八重垣神社
やえがきじんじゃ【島根県松江市】

鏡の池に和紙を浮かべる神秘的な縁占い

出雲の縁結びの大神として有名。境内奥の「佐久佐女の森」には澄みきった鏡の池があり、ここで行なう縁占いが人気。硬貨を載せた占い用紙を水面に浮かべ、その沈み具合によって縁の遅速を占う。

MAP P.218　所 松江市佐草町227　☎ 0852-21-1148
開 9:00～17:00　料 無料
交 JR松江駅から市営バス・八重垣神社方面行きに乗り、八重垣神社下車すぐ

大社造の荘厳な本殿。境内には2本のツバキが融合した夫婦椿がある

氣多大社 →P.128
けたたいしゃ【石川県羽咋市】

毎月1日のついたち結びでは、無料の縁結び祈願をしてもらえる。「むすび神苑」に小石をのせれば願いが叶うといわれている。

MAP P.216　所羽咋市寺家町
☎0767-22-0602　開8:30～16:30　料無料
交JR羽咋駅から北鉄能登バス・高浜行きに乗り10分、一の宮下車、徒歩5分　URL www.keta.jp

九頭龍神社
くずりゅうじんじゃ【神奈川県箱根町】

芦ノ湖の九頭龍伝説を伝える神社。新宮前に湧き出る「龍神水」は恋愛運アップのご利益があると伝わる。毎月13日の月次祭が有名。

本宮 MAP P.217　所箱根町元箱根防ケ沢（箱根九頭龍の森内）　☎0460-83-7123（箱根神社）　開9:00～17:00　料500円　交13日は元箱根港から芦ノ湖遊覧船に乗り、樹木園桟橋下船、徒歩5分（13日以外は、箱根園または湖尻ターミナルから徒歩30分）　URL hakonejinja.or.jp

願いが叶うパワースポット!?

叶神社
かのうじんじゃ【神奈川県横須賀市】

その名のとおり、願いが叶う神社として人気。浦賀港を挟んで東西に2つの社があり、西叶神社の勾玉を東叶神社のお守り袋に納めて身に着けると、良縁に恵まれるという。

石段の先に社殿が建つ西叶神社

西叶神社　MAP P.217　所横須賀市西浦賀1-1-13　☎046-841-0179　開境内自由
交京急・浦賀駅から京浜急行バス・京急久里浜駅行きまたはJR久里浜駅行きに乗り、紺屋町下車、徒歩1分

東叶神社　MAP P.217　所横須賀市東浦賀2-21-25　☎046-841-5300　開境内自由
交京急・浦賀駅から京浜急行バス・観音崎行きまたはかもめ団地行きに乗り、新町下車、徒歩5分

美人祈願で有名な神社へ行こう!

キレイになりたいと願う乙女心は、いつの時代も変わらないもの。
女性の美と健康を守る神様にお参りして女子力アップをめざそう。

厳島神社(美人弁天)
いつくしまじんじゃ(びじんべんてん)【栃木県足利市】

女性の美と健康、長寿を守る美人弁天を祀る。参拝すると「美人証明」がもらえる。

MAP P.217
所 足利市本城2-1860　℡ 0284-41-1382
時 境内自由　交 JR足利駅から徒歩20分
URL bijinbenten.com

江島神社 中津宮
えのしまじんじゃ なかつみや【神奈川県藤沢市】

中津宮限定の「よくばり美人守」は、美白、美形、美笑、美髪、美肌のご利益がある。

MAP P.217
所 藤沢市江の島2-3-8
℡ 0466-22-4020　時 境内自由
交 小田急電鉄・片瀬江ノ島駅から徒歩13分　URL enoshimajinja.or.jp

美御前社　➡P.81
うつくしごぜんしゃ【京都府京都市】

美人の誉れ高い宗像三女神を祀る。社殿前の湧水は心身を磨く「美容水」として有名。

MAP P.219
所 京都市東山区祇園町北側625
℡ 075-561-6155(八坂神社)
時 境内自由　交 京阪・祇園四条駅から徒歩5分　URL www.yasaka-jinja.or.jp

鶴嶺神社
つるがねじんじゃ【鹿児島県鹿児島市】

島津家歴代とその家族を祀る。美貌で知られた亀寿姫も御祭神のひとり。美人御守が人気。

MAP P.214　鹿児島市吉野町9698-2
℡ 099-247-1551　時 境内自由　交 JR鹿児島中央駅から市営バスカゴシマシティビュー・まち巡りバスに乗り、仙巌園前下車すぐ　URL www.senganen.jp/tsuruganejinja

戦国武将、明治維新の英傑たちとゆかりある神社へ出かけてみたい

戦国武将ゆかりの神社

光雲神社
てるもじんじゃ【福岡県福岡市】

福岡藩祖、黒田如水と初代藩主、黒田長政を祀る

MAP P.220　所 福岡市中央区西公園13-1　☎ 092-761-1807　開 境内自由　交 地下鉄・大濠公園駅から徒歩15分

黒田如水(官兵衛) 〈くろだじょすい(かんべえ)〉
天文15年(1546)～慶長9年(1604)
筑前福岡藩祖

桜の名所として知られる西公園のある荒戸山の山頂付近に鎮座する。社名は御祭神の法名、龍光院殿(如水)と興雲院殿(長政)から1字ずつ取ってつけられた。

写真2点 © 福岡市

❶ 長政が愛用した水牛兜の像。現物の兜は福岡市博物館が所蔵　❷ 社殿は東照宮跡地に建てられたが、空襲で焼失し、昭和41(1966)年に再建

真田山三光神社
さなだやまさんこうじんじゃ【大阪府大阪市】

真田幸村がここに出城を築き、当時の抜け穴が残る

MAP P.219　所 大阪市天王寺区玉造本町14-90　☎ 06-6761-0372　開 境内自由　交 地下鉄・長堀鶴見緑地線玉造駅から徒歩2分　URL sankojj.blog100.fc2.com

真田幸村 さなだゆきむら
永禄10年(1567)～慶長20年(1615)

約1600年前の反正天皇の時代の創建とされ、天照大神、月読命、素戔嗚命を祀る。社隣には大坂冬の陣の際、真田幸村が築いた出丸があったとされる宰相山公園がある。

❶ 境内には真田幸村の銅像とその隣には真田の抜け穴がある　❷ 末社には仁徳天皇、武内宿彌、野見宿彌、主守稲荷が祀られている

歴史に名を刻む戦国武将や維新の俊傑を祀る神社が日本各地に点在し、数々のエピソードとともに遺物や痕跡を残す。勝負運や立身出世などの開運祈願の対象となり、また学問の神様として崇められている。

青葉神社
あおばじんじゃ【宮城県仙台市】

仙台藩祖、伊達政宗を祭神(武振彦命)として、明治7(1874)年に創建。政宗の重臣である片倉小十郎の子孫が宮司を務める。

伊達政宗 だてまさむね
永禄10年(1567)～寛永13年(1636)

MAP P.215 所仙台市青葉区青葉町7-1
☎022-234-4964 圏境内自由 交JR仙台駅から仙台市営バス・北山・子平町循環に乗り20分、北山1丁目下車、徒歩5分
URL www.geocities.co.jp/HeartLand-Keyaki/6200/

上杉神社
うえすぎじんじゃ【山形県米沢市】

松が岬公園の旧米沢城本丸の奥御殿跡に建ち、米沢藩祖、上杉謙信を祀る。上杉家伝来の宝物を所蔵する稽照殿が隣接。

上杉謙信 うえすぎけんしん
享禄3年(1530)～天正6年(1578)

MAP P.215 所米沢市丸の内1-4-13
☎0238-22-3189 圏稽照殿9:00～16:00
料稽照殿400円(12月～3月下旬まで休館)
交JR米沢駅から市民バス・循環右回りに乗り10分、上杉神社前下車すぐ

眞田神社
さなだじんじゃ【長野県上田市】

上田城本丸跡に鎮座。天正11(1583)年、平城を築き城下町をつくった真田父子を主神とし、仙石、松平の歴代藩主を祭神とする。

真田昌幸 さなだまさゆき
天文16年(1547)～慶長16年(1611)

MAP P.216 所上田市二の丸(上田城跡公園内) ☎0268-22-7302 圏境内自由
交JR上田駅から徒歩12分
URL www.sanada-jinja.com

豊国神社
とよくにじんじゃ【京都府京都市】

伏見城の遺構、国宝の唐門は必見

豊臣秀吉 とよとみひでよし
天文6年(1537)～慶長3年(1598)

慶長4(1599)年、豊臣秀吉を祭神として東山に創建されたが、徳川幕府の命により廃祀。明治13(1880)年、現在の地に再興された。

MAP P.219 所京都市東山区大和大路通正面茶屋町530 ☎075-561-3802 圏境内自由 交JR京都駅から市バス206系統・東山通北大路バスターミナル行きに乗り10分、博物館三十三間堂前下車、徒歩3分

建勲神社
けんくんじんじゃ【京都府京都市】

「けんくんさん」で親しまれる社

織田信長 おだのぶなが
天文3年(1534)～天正10年(1582)

MAP P.219　所京都市北区紫野北舟岡町49
075-451-0170　開境内自由　交JR京都駅から市バス206系統・千本通北大路バスターミナル行きに乗り35分、建勲神社前下車、徒歩5分　URL kenkun-jinja.org

織田信長の偉勲を讃えて、明治2(1869)年、明治天皇が創建。信長と信忠親子を祀る。京都市街や東山三十六峰の眺望も楽しめる。

久能山東照宮
くのうざんとうしょうぐう【静岡県静岡市】

元和2(1616)年、徳川家康の遺言により2代将軍秀忠公が創建。久能山に遺体が埋葬され、家康公を祀る。全国東照宮の発祥の地。

徳川家康 とくがわいえやす
天文11年(1542)～元和2年(1616)

MAP P.216　所静岡市駿河区根古屋390
054-237-2438　開9:00～17:00(時期により異なる)　料社殿500円　交日本平ロープウェイで5分　URL www.toshogu.or.jp

湊川神社
みなとがわじんじゃ【兵庫県神戸市】

智・仁・勇の名将楠木正成を祀る。吉田松陰など幕府の志士も参拝に訪れた。水戸光圀直筆の墓碑「嗚呼忠臣楠子之墓」が有名だ。

楠木正成 くすのきまさしげ
永仁2年(1294)～延元元年(1336)

MAP P.218　所神戸市中央区多聞通3-1-1
078-371-0001　開境内自由
交JR神戸駅から徒歩3分
URL www.minatogawajinja.or.jp

赤穂大石神社
あこうおおいしじんじゃ【兵庫県赤穂市】

大石内蔵助ら赤穂義士47人と自害した萱野三平を主祭神とし、大正元(1912)年、大石内蔵助と藤井又左衛門の屋敷跡に建立。

大石内蔵助 おおいしくらのすけ
万治2年(1659)～元禄16年(1703)

MAP P.218　所赤穂市上仮屋旧城内
0791-42-2054　開境内自由
交JR播州赤穂駅から徒歩15分
URL www2.117.ne.jp/~akoooisi

維新の英傑ゆかりの神社

松陰神社
しょういんじんじゃ【山口県萩市】 ➡P.119

吉田松陰 よしだしょういん
文政13年(1830)～安政6年(1859)

明治維新の先覚者、吉田松陰を祀る。松陰の生誕地の山口県萩市のほか、墓所がある東京都世田谷区にも同名の神社がある。

MAP P.221　所萩市椿東1537　☎0838-22-4643
開境内自由　交JR東萩駅から徒歩15分
URL www.shoin-jinja.jp

大久保神社
おおくぼじんじゃ【福島県郡山市】

大久保利通 おおくぼとしみち
文政13年(1830)～明治11年(1878)

安積疏水の開通に尽力した大久保利通を讃え、明治22(1889)年に建立された小さな社。毎年9月1日には水祭りが行なわれている。

MAP P.215　所郡山市安積町牛庭 安積公民館牛庭分館　☎024-934-8165(郡山駅前大通商店街振興組合)　開境内自由
交JR安積永盛駅から車で15分

京都霊山護国神社
きょうとりょうぜんごこくじんじゃ【京都府京都市】

坂本龍馬 さかもとりょうま
天保6年(1835)～慶応3年(1867)

明治天皇の詔により建てられた招魂社。坂本龍馬など維新の志士たちのほか、大東亜戦争の戦没者の御霊も祀られている。

MAP P.219　所東山区清閑寺霊山町1
☎075-561-7124　開8:00～17:00　料300円
交JR京都駅から市バス206系統・東山通北大路バスターミナル行きに乗り15分、東山安井下車、徒歩10分　URL www.gokoku.or.jp

南洲神社
なんしゅうじんじゃ【鹿児島県鹿児島市】

西郷隆盛 さいごうたかもり
文政10年(1827)～明治10年(1877)

西南の役の薩軍戦没者2023人を葬る南洲墓地の北隣に設けられた参拝所が、大正11(1922)年に西郷隆盛を祀る神社となった。

MAP P.214　所鹿児島市上竜尾町2-1
☎099-247-6076　開境内自由　交JR鹿児島中央駅から市営バスカゴシマシティビューで29分、西郷南洲顕彰館前下車すぐ

男性が行ってみたくなる神社

心願成就や出世開運から勝負運や賭け事にご利益があるとされている神様や、各種スポーツ関係者から信仰されている神社を厳選。

激動の時代を勝ち抜く
勝負運や心願成就のパワースポットとして注目されている

勝負事 天岩戸神社
あまのいわとじんじゃ【宮崎県高千穂町】

天照大神が隠れたとされる洞窟(天岩戸)を御神体とし、古くから諸願成就のご利益があると信仰されている。

MAP P.221 所高千穂町岩戸1073-1 ☎0982-74-8239
開8:30～17:00 料無料 交JR延岡駅から車で1時間30分
URL amanoiwato-jinja.jp

誰よりも抜きん出る
総理大臣をはじめ、各界の頂点をめざす出世運の神様

出世運 高麗神社
こまじんじゃ【埼玉県日高市】

高麗王若光を祀り、参拝後、総理大臣になった政治家も多く、出世明神として信仰される。

MAP P.217
所日高市新堀833
☎042-989-1403
開境内自由 交JR高麗川駅から徒歩20分
URL www.komajinja.or.jp

絶対に負けられないときは
ギャンブルなどの勝運から試験の合格祈願、当選祈願など

賭け事 皆中稲荷神社
かいちゅういなりじんじゃ【東京都新宿区】

天文2(1533)創建。鉄砲組与力の百発百中の伝説が残り、賭け事の神様として信仰される。

MAP P.217
所新宿区百人町1-11-16
☎03-3361-4398
開境内自由 交JR新大久保駅から徒歩1分
URL kaichuinari-jinja.jp

大杉神社
おおすぎじんじゃ

日本で唯一、夢むすび大明神の異名を持つ神社。「勝馬神社」には競馬関係者や競馬ファンが訪れる。

MAP P.217
所 茨城県稲敷市阿波958　☎029-894-2613
営 境内自由
交 JR下総神崎駅から車で15分

熱狂的なサポーターの聖地
スポーツ関係者やファンからも信仰されているスポーツの神様

競馬 **藤森神社**
ふじのもりじんじゃ【京都府京都市】

駈馬神事や菖蒲の節句の発祥地で、勝運と馬の神様として競馬ファンの参拝者で賑わう。

MAP P.219　所 京都市伏見区深草鳥居崎町609　☎075-641-1045
営 境内自由　交 JR藤森駅から徒歩5分
URL www.fujinomorijinja.or.jp

サッカー **京都熊野神社**
きょうとくまのじんじゃ【京都府京都市】

弘仁2(811)年創建。サッカー上達、勝運、心身健全を祈願して作られた八咫烏のお守りが人気。

MAP P.219　所 京都市左京区聖護院山王町43　☎075-771-4054
営 9:00～17:00　料 無料
交 京阪・神宮丸太町駅から徒歩5分

野球 **箭弓稲荷神社**
やきゅういなりじんじゃ【埼玉県東松山市】

五穀豊穣、商売繁昌の神様を祀り、「やきゅう」の音から野球関係者の参拝も多い。

MAP P.217　所 東松山市箭弓町2-5-14　☎0493-22-2104　営 境内自由
交 東武東上線・東松山駅から徒歩3分
URL www.yakyu-inari.jp

お酒の神様がいる神社

松尾大社
まつのおたいしゃ【京都府京都市】

大宝元(701)年、秦氏の創建とされ、御祭神は大山咋神(おおやまくいのかみ)、中津島姫命。室町時代より「日本第一酒造神」として信仰され、全国の酒造家から崇敬を受ける。境内奥の「亀井の水」は延命長寿の名水で仕込み水に加えると酒が腐らないといわれる。

MAP P.219
所 京都市西京区嵐山宮町3　☎075-871-5016
営 5:00～18:00(受付は8:30～16:00)　料 松風苑神像館共通500円
交 阪急嵐山線・松尾大社駅からすぐ
URL www.matsunoo.or.jp

独特なお祭りが有名な神社

地域ごとに多彩な文化を育んできた日本は特色ある祭りの宝庫。
奇想天外な珍しい神事も多く、時代を超えて脈々と継承されている。

駒形神社
こまがたじんじゃ【岩手県奥州市】

→P.126

小学校入学の節目に子どもの成長と安全を祈るランドセル祈願

新入学児の健やかな成長や学問・武芸上達、心身安全などを願うランドセル祈願が人気。毎年3月中旬〜4月中旬の土・日曜日に行なわれ、持参した真新しいランドセルとともに祈禱が受けられる。初穂料1人3000円。

MAP P.215
所 奥州市水沢区中上野町1-83　☎0197-23-2851
開 5:30〜18:00(11〜3月は〜17:30)　料 無料
交 JR水沢駅から徒歩10分
URL www.rnac.ne.jp/~komagata

1 子供が元気に通学できるよう祈願
2 平成15(2003)年に大改修された美しい拝殿

佐嘉神社
さがじんじゃ【佐賀県佐賀市】

鍋島藩が鋳造した大砲「カノン砲」で新年を祝う神事

佐賀鍋島藩主10代直正、11代直大を祀る神社。元旦恒例のカノン砲祝砲神事では、午前0時の時報を合図に計8発の祝砲が放たれる。4月10〜12日には五穀豊穣などを祈る春祭り「日峯さん」が開かれ、多彩な催しで賑わう。

MAP P.220
所 佐賀市松原2-10-43　☎0952-24-9195
開 5:00〜日没　料 無料　交 JR佐賀駅から佐賀市営バスに乗り、佐賀神社前下車すぐ
URL www.sagajinjya.jp

1 春祭り「日峯さん」の厳かな儀式
2 カノン砲の力強い響きとともに新たな年を迎える

飛鳥坐神社
あすかにいますじんじゃ【奈良県明日香村】

日本屈指の奇祭おんだ祭

87代続く飛鳥家が宮司を務める。2月第1日曜開催のおんだ祭では夫婦和合の滑稽な演技が見もの。
MAP P.219　所明日香村飛鳥707-1
☎0744-54-2071　圏境内自由　交近鉄・橿原神宮前駅から奈良交通バス・飛鳥駅行きに乗り、飛鳥大仏前下車、徒歩3分
URL www2.ocn.ne.jp/~jinja

地元青年団が扮する天狗らが厄除神事として、竹の先を細かく裂いた棒を持ち、参拝者のお尻を叩きながら、境内を暴れ回る

大山祇神社　➡P.133
おおやまづみじんじゃ【愛媛県今治市】

旧暦5月5日の御田植祭

早乙女が田植えの儀式を行なう御田植祭が有名。稲の精霊と相撲をとる「一人角力」も奉納される。
MAP P.218　所今治市大三島町宮浦3327
☎0897-82-0032　圏境内自由、宝物館8:30～16:30　交西瀬戸自動車道・大三島ICから車で10分

金山神社
かなやまじんじゃ【神奈川県川崎市】

ユニークな神輿が練り歩く

男根をかたどった神輿を担ぐかなまら祭りを開催。4月第1日曜に行なわれ、外国人も多く訪れる。
MAP P.217　所川崎市川崎区大師駅前2-13-16
☎044-222-3206　圏境内自由
交京急大師線・川崎大師駅から徒歩2分

椋神社
むくじんじゃ【埼玉県秩父市】

400年以上続く龍勢祭

『延喜式』にも登場する古社。10月第2日曜には手作りロケットを空高く打ち上げる龍勢祭を開催。
MAP P.217　所秩父市下吉田7377
☎0494-77-1293　圏境内自由　交西武秩父線・西武秩父駅から西武観光バス・吉田元気村行きに乗り、龍勢会館前下車、徒歩12分

佐香神社
さかじんじゃ【島根県出雲市】

新酒が味わえるどぶろく祭り

酒造の神を祀る。年1石の酒造が許され、10月13日の例祭では造りたてのどぶろくが振る舞われる。
MAP P.218　所出雲市小境町108
☎0853-67-0007　圏境内自由
交一畑電車・一畑口駅から徒歩10分

干支ゆかりの主な神社リスト

干支の神様を祀る神社や、干支と関わりのある神社が日本各地に点在する。初詣では、その年の動物にちなんだ神社に多くの参拝者が訪れる。

子神社
ねじんじゃ【神奈川県横浜市】

MAP P.217　所 横浜市保土ケ谷区今井町167　☎ 045-441-0470（笠のぎ稲荷神社）　開 境内自由

大豊神社
おおとよじんじゃ【京都府京都市】

MAP P.219　所 京都市左京区鹿ケ谷宮ノ前町1　☎ 075-771-1351　開 境内自由

天満宮・天神 各社
【日本各地】

太宰府天満宮 ➡P.121　北野天満宮 ➡P.130
湯島天神(湯島天満宮) ➡P.146

牛島神社
うしじまじんじゃ【東京都墨田区】

MAP P.217　所 墨田区向島1-4-5　☎ 03-3622-0973　開 5:30～17:00　料 無料

八坂神社 ➡P.80
やさかじんじゃ【京都府京都市】

MAP P.219　所 京都市東山区祇園町北側625　☎ 075-561-6155　開 境内自由　URL www.yasaka-jinja.or.jp

八坂神社
やさかじんじゃ【千葉県東金市】

MAP P.217　所 東金市松之郷1269　開 境内自由

上根神社
かみねじんじゃ【埼玉県熊谷市】

MAP P.217　所 熊谷市上根588-1　☎ 048-588-0936（宮司宅）　開 境内自由

大江神社
おおえじんじゃ【大阪府大阪市】

MAP P.219　所 大阪市天王寺区夕陽丘町5-40　☎ 06-6779-8554　開 6:00～18:00　料 無料　URL www.ooejinja.net

上杉神社 ➡P.157
うえすぎじんじゃ【山形県米沢市】

MAP P.215　所 米沢市丸の内1-4-13　☎ 0238-22-3189　開 稽照殿9:00～16:00　料 稽照殿400円

白兎神社
はくとじんじゃ【鳥取県鳥取市】

MAP P.218　所 鳥取市白兎592　☎ 0857-59-0047　開 境内自由

岡崎神社
おかざきじんじゃ【京都府京都市】

MAP P.219　所 京都市左京区岡崎東天王町51　☎ 075-771-1963　開 9:00～17:00　料 無料

住吉大社 ➡P.86
すみよしたいしゃ【大阪府大阪市】

MAP P.219　所 大阪市住吉区住吉2-9-89　☎ 06-6672-0753　開 6:00（10～3月は6:30）～17:00　料 無料　URL www.sumiyoshitaisha.net

高瀬神社
たかせじんじゃ【富山県南砺市】

MAP P.216　所 南砺市高瀬291　☎ 0763-82-0932　開 境内自由　URL www.takase.or.jp

辰

戸隠神社 ▶P.107
とがくしじんじゃ【長野県長野市】

中社 MAP P.216
所長野市戸隠3506 ☎026-254-2001
開境内自由 URL www.togakushi-jinja.jp

九頭龍神社 ▶P.154
くずりゅうじんじゃ【神奈川県箱根町】

本宮 MAP P.217 所箱根町元箱根防ケ沢（箱根九頭龍の森内）☎0460-83-7123（箱根神社）
開9:00〜17:00 料500円 URL hakonejinja.or.jp

巳

上神明天祖神社
かみしんめいてんそじんじゃ【東京都品川区】

MAP P.217
所品川区二葉4-4-12 ☎03-3782-1711
開6:00〜18:00 料無料 URL hebikubo.jp

大神神社 ▶P.130
おおみわじんじゃ【奈良県桜井市】

MAP P.219
所桜井市三輪1422 ☎0744-42-6633
開境内自由 URL oomiwa.or.jp

午

相馬中村神社
そうまなかむらじんじゃ【福島県相馬市】

MAP P.215
所相馬市中村北町101 ☎0244-35-3363
開境内自由 URL somanakamurajinjya.or.jp

藤森神社 ▶P.161
ふじのもりじんじゃ【京都府京都市】

MAP P.219
所京都市伏見区深草鳥居崎町609 ☎075-641-1045 開境内自由 URL www.fujinomorijinjya.or.jp

出羽三山神社 ▶P.20
でわさんざんじんじゃ【山形県鶴岡市】

出羽神社（三神合祭殿） MAP P.215
所鶴岡市羽黒町手向7 ☎0235-62-2355
開境内自由 URL www.dewasanzan.jp

未

羊神社
ひつじじんじゃ【愛知県名古屋市】

MAP P.216
所名古屋市北区辻町5-26 ☎052-912-0063
開境内自由

申

日枝神社 ▶P.142
ひえじんじゃ【東京都千代田区】

MAP P.217 所千代田区永田町2-10-5
☎03-3581-2471 開5:00〜18:00、10〜3月6:00〜17:00 料無料 URL www.hiejinja.net

清洲山王宮 日吉神社
きよすさんのうぐう ひよしじんじゃ【愛知県清須市】

MAP P.216
所清須市清洲2272 ☎052-400-2402
開9:00〜17:00 料無料 URL www.hiyoshikami.jp

酉

大鳥大社
おおとりたいしゃ【大阪府堺市】

MAP P.219
所堺市西区鳳北町1-1-2 ☎072-262-0040
開境内自由

鷲神社
おおとりじんじゃ【東京都台東区】

MAP P.217
所台東区千束3-18-7 ☎03-3876-0010
開境内自由 URL www.otorisama.or.jp

闘雞神社
とうけいじんじゃ【和歌山県田辺市】

MAP P.219
所田辺市湊655 ☎0739-22-0155
開境内自由

戌

伊奴神社
いぬじんじゃ【愛知県名古屋市】

MAP P.216
所名古屋市西区稲生町2-12 ☎052-521-8800
開境内自由 URL www.inu-jinjya.or.jp

亥

護王神社
ごおうじんじゃ【京都府京都市】

MAP P.219 所京都市上京区烏丸通下長者町下ル桜鶴円町385 ☎075-441-5458 開6:00〜21:00
料無料 URL www.gooujinja.or.jp

花咲き乱れる全国おすすめ神社

境内に情緒を添える花々や紅葉の名所を紹介。山あいにひっそりと鎮座する神社にも足を運んで、繊細な季節の移ろいを感じたい。

桜神社／神社には桜がよく似合います

奈良県

石上神宮（いそのかみじんぐう）
MAP P.219　所 天理市布留町384
☎0743-62-0900　開 6:00～17:30　料 無料

金峯神社（きんぷせんじんじゃ）
MAP P.219　所 吉野町吉野山1292
☎0746-32-3081（吉野町役場）　境内自由

吉野水分神社（よしのみくまりじんじゃ）
MAP P.219　所 吉野町吉野山1612
☎0746-32-3012　境内自由

約600本のソメイヨシノが咲く石上神宮外苑公園では毎年桜まつりが開催され、夜はライトアップも。金峯神社や吉野水分神社は吉野山奥千本にあり、4月中旬～下旬にかけて周辺一帯が山桜で覆われる。

福島県

伊佐須美神社（いさすみじんじゃ）　→P.127
MAP P.215　所 会津美里町宮林甲4377
☎0242-54-5050　境内自由

馬場都都古和気神社（ばばつつこわけじんじゃ）
MAP P.215　所 棚倉町大字棚倉字馬場39
☎0247-33-7219　境内自由

石都々古和気神社（いわつつこわけじんじゃ）
MAP P.215　所 石川町字下泉296
☎0247-26-7534　境内自由

伊佐須美神社は御神木の薄墨桜が有名。馬場都都古和気神社の境内を彩る桜の古木や、石都々古和気神社下の川沿いに続く桜並木も壮観だ。

静岡県

富士山本宮浅間大社（ふじさんほんぐうせんげんたいしゃ）　→P.56
MAP P.217　所 富士宮市宮町1-1
☎0544-27-2002　開 5:00～20:00（11～2月は6:00～19:00、3・10月は5:30～19:30）　料 無料

紅葉神社／錦の秋におすすめです！

秋田県

太平山三吉神社（たいへいざんみよしじんじゃ）　→P.126
MAP P.215　所 秋田市広面赤沼3-2
☎018-834-3443　境内自由

茨城県

筑波山神社（つくばさんじんじゃ）　→P.127
MAP P.217　所 つくば市筑波1
☎029-866-0502　境内自由

埼玉県

三峯神社（みつみねじんじゃ）　→P.101
MAP P.217　所 秩父市三峰298-1
☎0494-55-0241　開 7:00～17:00　料 無料

鳥取県

大神山神社（おおがみやまじんじゃ）　→P.131　奥宮
MAP P.218　所 大山町大山1
☎0859-52-2507　境内自由

太平山や筑波山は山全体が赤や黄に染まる紅葉の名所。三峯神社境内は10月下旬～11月上旬にかけてライトアップされ、色づいた木々がいっそう鮮やかに。大神山神社は奥宮周辺の紅葉がとくに美しい。

その他の花神社／可憐な花たちを楽しむ

栃木県	太平山神社 おおひらさんじんじゃ	MAP P.217　所 栃木市平井町659 ☎0282-22-0227　開 境内自由
東京都	根津神社 ねづじんじゃ	MAP P.217　所 文京区根津1-28-9 ☎03-3822-0753　開 6:00～17:00　料 無料
鳥取県	大神山神社 おおがみやまじんじゃ　▶P.131	本社 MAP P.218　所 米子市尾高1025 ☎0859-27-2345　開 境内自由

太平山神社参道の石段沿いには約2500株のアジサイが植えられ、別名あじさい坂とも。大神山神社本社も色とりどりのアジサイが咲き、5月下旬～7月上旬に見ごろを迎える。根津神社のつつじ苑では約100種3000株のツツジが咲き競う。

梅の名所にある共通点

菅原道真公は梅をこよなく愛したことで知られる。そのため道真を祀る全国の天神、天満宮には梅が数多く植えられ、梅の名所として名高い。なかでも太宰府天満宮では約6000本の梅が花開き、御神木にまつわる「飛梅伝説」が有名。大宰府左遷の際、道真が邸内の梅との別れを惜しんで「東風吹かば匂ひおこせよ梅の花 主なしとて春な忘れそ」と歌を詠んだところ、梅はあるじを慕って一晩のうちに京から大宰府まで飛んで来たという。北野天満宮や湯島天神の梅も見事で、境内は優雅な春の香りに包まれる。

太宰府天満宮 ▶P.121　北野天満宮 ▶P.130
湯島天神(湯島天満宮) ▶P.146

小國神社は百花繚乱!?

小國神社は花菖蒲の名所として有名だが、ほかにも一年を通してさまざまな花が咲く。早春の梅に始まり、春本番を迎えると、桜のほか石楠花、深山ツツジ、シャガが境内を華やかに彩る。夏は百日紅や栃葉人参が咲き誇り、真紅の花が目に鮮やか。楚々とした秋海棠や野性的な鬼百合も美しい。素朴な山野草も数多く自生しており、訪れるたびに四季折々の風情が楽しめる。

小國神社 ▶P.110

全国お祭りカレンダー

神を迎える例祭や豊作を願う行事など、伝統を今に伝える催しが各地で行なわれている。

1月

神社	神事／行事	時期
筥崎宮 (p.75)	玉取祭	3日
太宰府天満宮 (p.121)	鷽替え神事	7日
住吉大社 (p.86)	白馬神事	7日
賀茂別雷神社 (p.32)	白馬奏覧神事	7日
鳥越神社 (東京都)	とんど焼き	8日
明治神宮 (p.44)	百手式	成人の日
今宮戎神社 (p.115)	十日戎	9〜11日
西宮神社 (p.132)	開門神事	10日
中井御霊神社 (東京都)	備射祭	13日
宇都宮二荒山神社 (栃木県)	春渡祭	15日
彌彦神社 (p.128)	粥占神事／炭置神事	15〜16日
白浜神社 (長崎県)	ヘトマト祭	第3日曜

2月

神社	神事／行事	時期
春日神社 (山形県)	王祇祭	1〜2日
吉田神社 (京都府)	節分祭	2〜4日
鬼屋神社 (石川県)	ぞんべら祭り	6日
伏見稲荷大社 (p.38)	初午大祭	初午の日
風浪宮 (福岡県)	風浪宮大祭	9〜11日
飛鳥坐神社 (p.163)	おんだ祭	第1日曜
安久美神戸神明社 (愛知県)	豊橋鬼祭	10・11日
梅宮神社 (埼玉県)	甘酒祭	11日
赤塚諏訪神社 (東京都)	田遊び	13日
伊豫豆比古命神社 (愛媛県)	椿まつり	中旬〜下旬 (旧暦1月7〜9日)
野里住吉神社 (大阪府)	一夜官女祭	20日
六所神社 (愛知県)	かっちん玉祭	26日

神社	神事／行事	時期
淡嶋神社(和歌山県)	ひな流し	3日
香椎宮(p.120)	古宮祭	6日
太宰府天満宮(p.121)	曲水の宴	第1日曜
赤間神宮(p.132)	平家雛流し神事	上旬
尾張大國霊神社(国府宮)(愛知県)	国府宮はだか祭	上旬(旧暦1月13日)
土佐神社(高知県)	斎籠祭	11〜13日
春日大社(p.82)	春日祭	13日
大縣神社(愛知県)	姫宮豊年祭	15日以前の日曜
田縣神社(愛知県)	豊年祭	15日
ほだれ大神(新潟県)	ほだれ祭	第2日曜
早池峰神社(岩手県)	蘇民祭	17日
宇佐神宮(p.88)	例大祭	18日
磐梯神社(福島県)	舟引き祭りと巫女舞	春分の日
阿蘇神社(p.122)	火振り神事	中旬
氣多大社(p.128)	平国祭(おいで祭)	18〜23日

3月

神社	神事／行事	時期
橿原神宮(p.131)	神武天皇祭	3日
真清田神社(p.149)	桃花祭	3日
飛騨一宮水無神社(p.108)	飛騨生きびな祭り	3日
四條畷神社(大阪府)	楠公さくら祭	5日
美保神社(p.118)	青柴垣神事	7日
諏訪大社(p.52)	御柱祭	上旬、5月上旬(6年ごと)
大神神社(p.130)	大神祭	8〜10日
平野神社(京都府)	平野祭	10日
地主神社(京都府)	えんむすび祈願さくら祭り	第2日曜
日吉大社(p.112)	山王祭	12〜14日
二荒山神社(p.98)	弥生祭	13〜17日
香取神宮(p.103)	例祭	14日
熊野本宮大社(p.26)	御田植神事	15日
松尾大社(p.161)	神幸祭・還幸祭	下旬〜5月中旬
伏見稲荷大社(p.38)	稲荷祭(神幸祭／区内巡幸)	下旬

4月

時期は2015年の情報に基づいており、変更される場合があります。
詳細は神社のホームページなどでご確認ください。

神社	神事／行事	時期
筑摩神社（滋賀県）	鍋冠祭	3日
熱田神宮（p.60）	酔笑人神事	4日
多度大社（三重県）	上げ馬神事	4・5日
鳥海山大物忌神社（山形県）	吹浦口ノ宮例大祭	5日
二見興玉神社（p.13）	夫婦岩大注連縄張神事	5日、9月5日、12月中旬
寒川神社（p.105）	国府祭	5日
大國魂神社（東京都）	くらやみ祭	5日
出雲大社（p.14）	大祭礼	14〜16日
吉備津神社（p.117）	七十五膳据神事	第2日曜、10月の第2日曜
賀茂別雷神社／賀茂御祖神社（p.32）	加茂祭（葵祭）	15日
嚴島神社（p.64）	御島巡式（御鳥喰式）	15日
神田神社（p.104）	神田祭	中旬
浅草神社（東京都）	三社祭	中旬
日光東照宮（p.78）	春季例大祭	18日
鶴岡天満宮（山形県）	天神祭（化け物祭）	25日

神社	神事／行事	時期
熱田神宮（p.60）	熱田まつり	5日
椙尾神社（山形県）	大山犬まつり	5日
県神社（京都府）	県祭	5・6日
北海道神宮（p.126）	札幌まつり	14〜16日
氣比神宮（p.129）	午勝祭	16日
日枝神社（p.142）	山王祭	中旬
石上神宮（奈良県）	神剣渡御祭	30日

全国お祭りカレンダー

	神社	神事／行事	時期
7月	八坂神社 (p.80)	祇園祭	1〜31日
	志波彦神社・鹽竈神社 (p.127)	例祭・藻塩焼神事	上旬
	湊川神社 (p.158)	例祭	12日
	靖国神社 (東京都)	みたままつり	13〜16日
	熊野那智大社 (p.26)	扇祭り	14日
	富塚八幡神社 (神奈川県)	お札まき	14日
	出羽三山神社 (p.20)	花祭	15日
	国神神社 (栃木県)	じかたまじない	中旬(旧暦6月1日)
	寒川神社 (p.105)	浜降祭	海の日
	阿蘇神社 (p.122)	御田植神幸式	下旬
	北岡神社 (熊本県)	塩湯取神事	29日
	住吉大社 (p.86)	住吉踊り	31日
8月	本牧神社 (神奈川県)	お馬流し神事	初旬
	北野天満宮 (p.130)	北野祭	4日
	美保神社 (p.118)	お虫探神事	7日
	嚴島神社 (p.64)	管絃祭	上旬(旧暦6月17日)
	出雲大社 (p.14)	見逃神事	14日
	八幡神社 (静岡県)	下田太鼓祭り	14・15日
	大伴神社 (長野県)	榊祭	15日
	三嶋大社 (p.109)	例祭	16日
	建部大社 (滋賀県)	船幸祭	17日
	北口本宮冨士浅間神社 (山梨県)	吉田の火祭り	26・27日

時期は2015年の情報に基づいており、変更される場合があります。
詳細は神社のホームページなどでご確認ください。

9月

神社	神事／行事	時期
鹿島神宮(p.76)	例祭	1日
氣比神宮(p.129)	例大祭	4日
鷲宮神社(埼玉県)	土師祭／らき☆すた祭	第1日曜
玉前神社(千葉県)	上総十二社祭	13日
筥崎宮(p.75)	放生会大祭	12～18日
鶴岡八幡宮(p.48)	例祭・流鏑馬神事	14～16日(流鏑馬神事は16日)
石清水八幡宮(p.130)	石清水祭	15日
岩木山神社(p.96)	お山参詣	中旬
三の丸神社・岸城神社(大阪府)	だんじり祭	第3月曜の直前の土・日曜
太宰府天満宮(p.121)	神幸式大祭	21～25日
玉祖神社(山口県)	占手神事	下旬

10月

神社	神事／行事	時期
宗像大社(p.72)	秋季大祭	1～3日
北野天満宮(p.130)	ずいき祭	1～5日
金刀比羅宮(p.68)	例大祭	9～11日
椋神社(p.163)	龍勢祭り(ロケット祭)	第2日曜
宇佐神宮(p.88)	仲秋祭	体育の日、前日、前々日
宇佐八幡神社(徳島県)	お御供	13日
石上神宮(奈良県)	例祭(ふるまつり)	15日
伊勢神宮(p.8)	神嘗祭	15～17日
平安神宮(p.113)	時代祭	中旬
大山祇神社(p.133)	抜穂祭	中旬～下旬(旧暦9月9日)

全国お祭りカレンダー

	神社	神事／行事	時期
11月	明治神宮(p.44)	例祭	3日
	富士山本宮浅間大社(p.56)	例祭	3～5日
	菅原神社(石川県)	いどり祭	7日
	苅野神社(兵庫県)	例祭	23日
	佐太神社(島根県)	神等去出神事	25日
	嘘吹八幡神社(福岡県)	山人走	27日
	出雲大社(p.14)	神在祭	下旬
	金鑚神社(埼玉県)	懸税神事	下旬
	香取神宮(p.103)	大饗祭	30日

	神社	神事／行事	時期
12月	秩父神社(埼玉県)	秩父夜祭	1～6日
	野木神社(栃木県)	提灯もみ	3日
	貫前神社(群馬県)	鹿卜神事	8日
	氷川神社(p.99)	大湯祭	10日
	武水別神社(長野県)	大頭祭	10～14日
	春日大社(p.82)	春日若宮おん祭	15～18日
	氣多大社(p.128)	鵜祭	16日
	愛宕神社(茨城県)	悪態まつり	中旬～下旬(旧暦11月14日)
	安房神社(p.102)	神狩祭	26日
	出羽三山神社(p.20)	松例祭	31日
	日御碕神社(島根県)	神剣奉天神事	31日
	八坂神社(p.80)	朮(おけら)祭	31日～元日

時期は2015年の情報に基づいており、変更される場合があります。
詳細は神社のホームページなどでご確認ください。

4	5	6	7
11	12	13	14
18	19	20	21
25	26	27	28

2月

1	2	3
8	9	10
15	16	17
22	23	24
29		

如月

| 4 | 5 | 6 | 7 |

| 11 | 12 | 13 | 14 |

建国記念の日

| 18 | 19 | 20 | 21 |

| 25 | 26 | 27 | 28 |

3月

1	2	3
8	9	10
15	16	17
22	23	24
29	30	31

弥生

4	5	6	7
11	12	13	14
18	19	20	21
25	26	27	28

4月

1	2	3
8	9	10
15	16	17
22	23	24
29	30	

卯月

4	5	6	7
11	12	13	14
18	19	20	21
25	26	27	28

5月

1	2	3
8	9	10
15	16	17
22	23	24
29	30	31

皐月

6月

水無月

1	2	3
8	9	10
15	16	17
22	23	24
29	30	

4	5	6	7
11	12	13	14
18	19	20	21
25	26	27	28

7月

1	2	3
8	9	10
15	16	17
22	23	24
29	30	31

文月

4	5	6	7
11	12	13	14
18	19	20	21
25	26	27	28

8月

1	2	3
8	9	10
15	16	17
22	23	24
29	30	31

葉月

4	5	6	7
11	12	13	14
18	19	20	21
25	26	27	28

9月

1	2	3
8	9	10
15	16	17
22	23	24
29	30	

長月

4	5	6	7
11	12	13	14
18	19	20	21
25	26	27	28

10月

神無月（神在月）

1	2	3
8	9	10
15	16	17
22	23	24
29	30	31

4	5	6	7
11	12	13	14
18	19	20	21
25	26	27	28

11月

1	2	3 文化の日
8	9	10
15	16	17
22	23	24
29	30	

霜月

4	5	6	7
11	12	13	14
18	19	20	21
25	26	27	28

12月

師走

1	2	3
8	9	10
15	16	17
22	23 天皇誕生日	24
29	30	31

4	5	6	7
11	12	13	14
18	19	20	21
25	26	27	28

神社マップ
日本全図

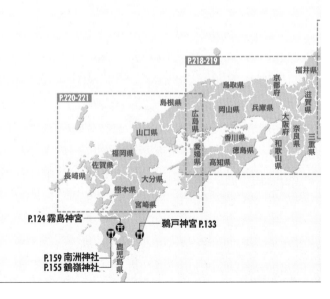

P.218-219

P.220-221

P.124 霧島神宮
鵜戸神宮 P.133
P.159 南洲神社
P.155 鶴嶺神社

主な御祭神

御祭神名	主な御神徳（ご利益）	主な神社
天照大御神 あまてらすおおみかみ	太陽神、皇祖神、万能神 国土平安	神宮(内宮)、全国の皇太神社、神明社
誉田別命（応神天皇） ほむだわけのみこと（おうじんてんのう）	文武の神、国家鎮護、 殖産興業、成功・勝利	宇佐神宮、鶴岡八幡宮、石清水八幡宮 氣比神宮
大国主大神 おおくにぬしのおおかみ	五穀豊穣 商売繁盛、医学の神	出雲大社
宇迦之御魂神 うかのみたまのかみ	五穀豊穣、諸産業繁盛	伏見稲荷大社、笠間稲荷神社
菅原道真公 すがわらのみちざねこう	農耕の神、学問の神 芸能の神、厄除の神	北野天満宮、大宰府天満宮、湯島天神
木花咲夜毘売命 このはなさくやひめのみこと	農業、酒造、安産、子授け	富士山本宮浅間神社、箱根神社
宗像三女神 むなかたさんじょしん 田心姫神 たごりひめのかみ 市杵島姫神 いちきしまひめのかみ 湍津姫神 たぎつひめのかみ	海上安全、交通安全	宗像大社
須佐之男命（素戔嗚尊） すさのおのみこと	家内安全、病気平癒 試験合格、良縁成就	八坂神社、氷川神社
建御名方神 たけみなかたのかみ	五穀豊穣、武運守護	諏訪大社
大山咋神 おおやまくいのかみ	厄除、縁結び、夫婦和合	日吉大社、松尾大社、日枝神社
伊邪那岐命 いざなぎのみこと 伊邪那美命 いざなみのみこと	産業繁栄、延命長寿 厄除、夫婦円満	多賀大社、筑波山神社、伊佐須美神社、 三峯神社
武甕槌命 たけみかづちのみこと	武道守護、国家鎮護 豊漁、航海安全	鹿島神宮、春日大社
経津主命 ふつぬしのみこと	勝運、出世、災難除け	香取神宮、春日大社
住吉三神 すみよしさんしん 底筒男命 そこつつのおのみこと 中筒男命 なかつつのおのみこと 上筒男命 うわつつのおのみこと	海上安全、漁業、 開運、貿易、縁結び、 子授け	住吉大社、香椎宮
高龗神 たかおかみのかみ	所願成就、縁結び	貴船神社
賀茂別雷大神 かもわけいかづちのおおかみ	諸災・厄除け、開運	賀茂別雷神社
日本武尊 やまとたけるのみこと	国土安穏、出世、開運招福	熱田神宮
大山祇命 おほやまつみのみこと	農産・山林・鉱山業守護、 酒造守護、家庭平安、安産	大山祇神社、岩木山神社、三嶋大社、 大山阿夫利神社
家津御子大神 けつみこのおおかみ 熊野速玉大神 くまのはやたまのおおかみ 熊野夫須美大神 くまのふすみのおおかみ	国家安隠、延命長寿	熊野本宮大社、熊野速玉大社、 熊野那智大社
鹽土老翁神 しおつちおぢのかみ	海上安全、安産守護	鹽竈神社
大物主命 おおものぬしのみこと	漁業、航海守護、金運、 商売繁盛	金刀比羅宮
蛭子神 ひるこのかみ	豊漁、交易の神、商売繁盛	西宮神社
迦具土神 かぐつちのかみ	鎮火、火難除	伊豆山神社
月読命 つくよみのみこと	五穀豊穣、所願成就	月山神社、月読宮
豊受大御神 とようけのおおみかみ	農業、漁業守護	神宮(外宮)
少彦名命 すくなひこなのみこと	医薬の神、病難排除	少彦名神社
猿田彦大神 さるたひこのおおかみ	災難、方位除、延命長寿	椿大神社、猿田彦神社
御蔵大神 みとしのおおかみ	家内安全、除災招福、 子授け	飛騨一宮水無神社

主な参考文献

神道事典
國學院大學日本文化研究所（編集） 弘文堂、1994（縮刷版、1999）

神道史大辞典
薗田稔・橋本正宣（編集） 吉川弘文館、2004

日本神名辞典
神社新報社（編集） 神社新報社、1994（増補改訂、2001）

プレステップ神道学
阪本是丸・石井研士（編集） 弘文堂、2011

神社の基礎知識
神宮館編集部（編集） 神宮館、2013

取材・撮影・写真協力

伊勢神宮、出雲大社、出羽三山神社、熊野本宮大社、熊野速玉大社、熊野那智大社、賀茂別雷神社、賀茂御祖神社、伏見稲荷大社、明治神宮、鶴岡八幡宮、諏訪大社、富士山本宮浅間大社、熱田神宮、嚴島神社、金刀比羅宮、宗像大社、鹿島神宮、日光東照宮、八坂神社、春日大社、大阪天満宮、住吉大社、宇佐神宮、赤城神社、岩木山神社、黄金山神社、二荒山神社、氷川神社、秩父神社、三峯神社、安房神社、香取神宮、神田神社、寒川神社、箱根神社、戸隠神社、飛驒一宮水無神社、三嶋大社、小國神社、猿田彦神社、日吉大社、平安神宮、貴船神社、今宮戎神社、伊弉諾神宮、吉備津神社、美保神社、松陰神社、香椎宮、大宰府天満宮、阿蘇神社、高千穂神社、霧島神宮、波上宮、北海道神宮、駒形神社、太平山三吉神社、志波彦神社・鹽竈神社、伊佐須美神社、筑波山神社、彌彦神社、射水神社、氣多大社、氣比神宮、椿大神社、多賀大社、石清水八幡宮、北野天満宮、大神神社、橿原神宮、吉備津彦神社、大神山神社、生田神社、西宮神社、赤間神宮、大山祇神社、海神神社、鵜戸神宮、日枝神社、大山阿夫利神社、笠間稲荷神社、湯島天神、來宮神社、出雲大社相模分祠、水田天満宮末社 恋木神社、宮地嶽神社、伊豆山神社、今宮神社、田村神社、八重垣神社、西叶神社、光雲神社（福岡市）、真田山三光神社、天岩戸神社、佐嘉神社、飛鳥坐神社

各都道府県の社寺、観光協会および関係市町村、諸施設

【監修者紹介】

石井　研士（いしい・けんじ）

1954年東京生まれ。東京大学人文科学研究科宗教学宗教史学博士課程修了。東京大学文学部助手、文化庁宗務課専門職員を経て國學院大學教授。現代宗教と社会を中心に研究を続けている。著書に『プレステップ神道学』『プレステップ宗教学』（ともに弘文堂）、『テレビと宗教』（中公ラクレ）、『銀座の神々－都市に溶け込む宗教』（新曜社）などがある。http://www2.kokugakuin.ac.jp/ishii-rabo/

協力（五十音順）
内野喜和子

装丁・ブックデザイン・編集協力　株式会社K&Bパブリッシャーズ
企画・編集　藤明隆（TAC出版）

本書に掲載されている、神社の情報、データ等は2015年1月時点のものです。事情により変更になる可能性がありますので、ご了承のうえお使いください。

神社手帖

2015年3月21日　初　版　第1刷発行

監　修　者	石　井　研　士
発　行　者	斎　藤　博　明
発　行　所	TAC株式会社　出版事業部 （TAC出版）

〒101-8383 東京都千代田区三崎町3-2-18
西村ビル
電話 03（5276）9492（営業）
FAX 03（5276）9674
http://www.tac-school.co.jp

組　　版	株式会社　K&Bパブリッシャーズ
印　　刷	株式会社　ミレアプランニング
製　　本	株式会社　常　川　製　本

© TAC 2015　　Printed in Japan　　ISBN 978-4-8132-6182-7

落丁・乱丁本はお取り替えいたします。

本書は、「著作権法」によって、著作権等の権利が保護されている著作物です。本書の全部または一部につき、無断で転載、複写されると、著作権等の権利侵害となります。上記のような使い方をされる場合には、あらかじめ小社宛許諾を求めてください。

視覚障害その他の理由で活字のままでこの本を利用できない人のために、営利を目的とする場合を除き「録音図書」「点字図書」「拡大写本」等の製作をすることを認めます。その際は著作権者、または、出版社までご連絡ください。

日付：　　　　年　月　日（　）

神社名：

同行者：

気づき

日付：　　　　年　　月　　日（　）

神社名：

同行者：

気づき

日付：　　　　年　月　日（　）

神社名：

同行者：

気づき

日付：　　　　年　　月　　日（　　）

神社名：

同行者：

気づき

日付:　　　　年　月　日(　)

神社名:

同行者:

気づき

日付：　　　　年　　月　　日(　　)

神社名：

同行者：

気づき

日付：　　　　年　月　日(　)

神社名：

同行者：

気づき